苏州市文化馆服务体系建设制度设计与创新集成

主　编
曹　俊

执行主编
金武刚

编　委
怀　念　周勤明　周　静　沈宇豪　王芳芳
刘旭灿　李　明　徐怡然　徐如意　王丛珊

上海科学技术文献出版社
Shanghai Scientific and Technological Literature Press

图书在版编目（CIP）数据

苏州市文化馆服务体系建设制度设计与创新集成 / 曹俊主编 . —上海：上海科学技术文献出版社，2018
ISBN 978-7-5439-7777-8

Ⅰ.①苏… Ⅱ.①曹… Ⅲ.①文化馆—社会服务—体系建设—研究—苏州 Ⅳ.① G249.275.33

中国版本图书馆 CIP 数据核字 (2018) 第 254769 号

责任编辑：梅雪林　李　峰
封面设计：姚　洁

苏州市文化馆服务体系建设制度设计与创新集成
SUZHOUSHI WEHUAGUAN FUWU TIXI JIANSHE ZHIDU SHEJI YU CHUANGXIN JICHENG
曹　俊　主编
出版发行：上海科学技术文献出版社
地　　址：上海市长乐路 746 号
邮政编码：200040
经　　销：全国新华书店
印　　刷：常熟市文化印刷有限公司
开　　本：720×1000　1/16
印　　张：11
字　　数：167 000
版　　次：2018 年 10 月第 1 版　2018 年 10 月第 1 次印刷
书　　号：ISBN 978-7-5439-7777-8
定　　价：68.00 元
http://www.sstlp.com

序

周虽旧邦，其命维新。苏州市公共文化中心是成立于2011年9月的新机构。近年来，我们以习近平新时代中国特色社会主义思想为指引，牢牢把握现代公共文化服务导向，将文化馆、美术馆、名人馆等8家机构的人力、物力、财力资源和文化资源进行加工整合，打破框架、形成合力，为市民提供高品质、多元化的公共文化产品和服务，培育市民生活中的美好，在创品牌、育精品、出精神方面取得了丰硕成果。

行百里者半九十。通过这些年的齐心协力、锐意进取，我们逐步摸索出来了创新发展的路子，概括来说，就是"12345"。"1"就是牢固树立"一个理念"——"培育市民生活中的美好"作为"中心"的核心理念。"2"就是坚决守住"两条底线"——坚持不懈地在安全稳定上下功夫，坚持不懈地在文化惠民服务上下功夫。"3"就是加快实现"三项突破"——文化馆的服务效能提升要有突破、艺术博物馆群建设要有突破、文艺精品创作要有突破。"4"就是着力推动"四大重点"——自主策划的重点展览要有新亮点、数字文化服务要有新优势、发展空间要有新拓展、队伍建设要有新活力。"5"就是打好"五张牌"——"本土""创新""品质""融合""媒体"。

紧紧围绕"12345"这条工作主线，苏州市公共文化中心整体工作有声有色，特别是在文化馆服务体系建设领域形成了一批亮点和品牌。在文艺精品创作上，女声表演唱《一条叫作"小康"的鱼》喜获第十七届群星奖。在志愿服务上，"中心"4年来组织实施的各类志愿者项目3次获得文化部文化志愿服务示范项目。在数字文化的建设上，我们拿到了"文化部科技创新项目"和"文化部首批数字文化馆十家试点单位"两块国家级的牌子。在发展空间上，苏州桃花坞木版年画博物馆项目正式立项建设,《苏州桃花坞木版年画特展》入选国家艺术基金资助项目,惊艳海内外。据不完全统计,四年来获得的国家级奖项共计达16项,描绘了浓彩重墨的一笔。

习近平总书记在党的十九大报告中指出:"完善公共文化服务体系,深入实施文化惠民工程,丰富群众性文化活动。"这为我们不忘初心、开启新征程指明了砥砺前行的方向。我们一定要深入学习领会习近平新时代中国特色社会主义思想,紧密结合自身实际找到落实基点,有"等不起"的紧迫感、"慢不得"的危机感、"坐不住"的责任感,研究把握现代公共文化服务发展规律,强化互联网思维,推进理念、内容、手段、机制等全方位创新,着力打造一批形态多样、手段先进、具有强大竞争力、传播力和影响力的新品牌。为此,我们特别延请国家公共文化服务体系建设专家委员会委员、华东师范大学教授金武刚为本书执行主编,重点关注地级市文化馆总分馆建设这一问题,更加鲜明地总结提炼展现自身的实践、经验和发展路径,努力形成独特的学术和创新理论,为国内文化馆界提供借鉴和参考,这是我们的心愿。我们也期待,在全国学术界、理论界的关心下,在全国同行和广大读者的帮助下,勠力同心实现我们的历史责任和使命。

曹 俊

苏州市公共文化中心主任(苏州美术馆馆长、苏州市文化馆馆长、苏州市名人馆馆长),副研究馆员,中国文化馆协会数字文化委员会主任委员。

目 录

序 / 1

上篇　制度设计

地级市文化馆服务体系建设——苏州特色中心研究 / 3

第一章　现代公共文化服务体系下的文化馆定位与职能 / 5
　　一、文化馆的宗旨职能 / 5
　　二、文化馆的发展方向 / 7
　　三、文化馆的组织机制 / 9

第二章　文化馆服务体系建设典型案例的经验与启示 / 11
　　一、上海:"东方系列"文化资源配送体系 / 11
　　二、嘉兴:"两员制"基层人员派遣制度 / 12
　　三、福田:"主题式"文化场馆群落体系 / 14

第三章　苏州地区文化馆服务体系建设的创新与实践 / 16
　　一、张家港:"网格化"文化馆总分馆制 / 16
　　二、吴江:区域文化联动促进共建共享 / 18
　　三、太仓:"百团大展演"力推群文创作 / 19

四、苏州:"基层文化从业人员资格认证"制度 / 21

第四章 苏州市文化馆转型发展的现状与基础 / 23
  一、社会经济成熟、文化资源丰富、创意产业发达 / 23
  二、公共文化服务设施完善、活动丰富、制度健全 / 24
  三、苏州市文化馆拥有的基础与优势 / 24

第五章 苏州市文化馆构建总分馆服务体系的思路与定位 / 29
  一、目标定位 / 29
  二、特色发展 / 30
  三、实现途径 / 32

第六章 苏州市文化馆服务体系建设的重点与任务 / 33
  一、"中心馆":构建全域公共文化服务协同中心 / 34
  二、智库支撑:构建全域公共文化服务创新研究中心 / 35
  三、群文创作:构建群众文化艺术创作辅导中心 / 38
  四、文创培育:构建地方文化众创服务中心 / 41
  五、数字平台:构建社会文化活动技术支撑中心 / 43
  六、慕课建设:构建全民艺术普及教育中心 / 44
  七、"文化馆+":构建城市新型社会交往中心 / 46
  八、伙伴计划:构建文化类社会组织孵化中心 / 48
  九、志愿服务:构建市民文化艺术素养提升中心 / 50
  十、文化交流:构建民间文化交流服务中心 / 53

第七章 推进苏州文化馆总分馆服务体系建设的保障措施 / 56
  一、体制保障 / 56
  二、工作保障 / 58

下篇　创新集成

特色项目1　桃花坞木版年画展　/ 63
特色项目2　"品苏"手艺体验活动　/ 73
特色项目3　名人名篇网络诵读大赛　/ 80
特色项目4　"听老苏州讲苏州名人故事"活动　/ 97
特色项目5　市民文化艺术素养提升志愿服务　/ 107
特色项目6　文化创客空间　/ 114
特色项目7　大型数字互动墙　/ 120
特色项目8　粉画与古琴慕课　/ 129
特色项目9　"文化馆+互联网：助力全民艺术普及"论坛　/ 140
特色项目10　《数字文化馆》著作　/ 147

附　录

理论研究　数字文化馆服务功能新形态　/ 153
方案设计　志愿服务工程组织　/ 161

上 篇
制 度 设 计

地级市文化馆服务体系建设
—— 苏州特色中心研究

苏州市是江苏省辖地级市，下辖张家港、常熟、太仓和昆山4个县级市以及吴江区、吴中区、相城区、姑苏区、虎丘区5个市辖区。2013年，经过两年创建、并荣获"东部第一"的苏州市，被文化部、财政部批准命名为第一批国家公共文化服务体系示范区。

2015年1月，中办国办印发《关于加快构建现代公共文化服务体系的意见》，明确提出"以县级文化馆、图书馆为中心推进总分馆制建设，加强对农家书屋的统筹管理，实现农村、城市社区公共文化服务资源整合和互联互通"。2016年12月，文化部、新闻出版广电总局、体育总局、发展改革委、财政部经国务院同意，联合发布《关于推进县级文化馆图书馆总分馆制建设的指导意见》，县级文化馆总分馆服务体系建设，已经成为当前文化领域一项重要工作任务。

苏州市下辖各县级市（区），均设有独立建制的文化馆，都是文化部命名的国家一级文化馆。在响应中央号召开展县级文化馆总分馆制建设方面，张家港市以"网格"整合城乡公共文化资源，探索实施特色化文化馆总分馆制建设，走在了全国前列；其他各区（市），也正在积极酝酿、探索实施。

苏州市文化馆，作为地市级文化馆，是文化部命名的国家一级文化馆，除了做好自身的阵地服务之外，同样肩负着加强全市公共文化资源整合、促进优质资源向基层延伸、推进全市域公共文化资源共建共享和服务效能提升的重要责任。构建文化馆服务体系，是苏州市文化馆履行上述责任的重要组织方式。但是，苏州市文化馆在市本级、县级市（区），还未建有分馆或流通服务点，在从市级文化馆走向市域文化馆服务体系进程中（即从一个文化阵地蜕变为一个文化组织体系），在覆盖范围与服务延伸方面，会与县级市（区）文化馆总分馆服务体系存在一定的重合、交叉。那么，苏州市文化馆在服务体系建设中，如何与下辖各县级市（区）文化馆合理错位、各司其职，成为当前面临的最为紧迫问题。因此，亟须站在时代发展前沿，集聚专家智慧，理论联系实际，做好制度设计，明确发展方向。

第一章
现代公共文化服务体系下的文化馆定位与职能

文化馆服务体系，是整个社会经济发展体系中不可或缺的重要一环，肩负着公众教育、开启民智、改造社会的重要功能，属于大文化、大教育范畴。在当前中国特色社会主义文化建设、特别是现代公共文化服务体系建设中，文化馆服务体系更是传播、培育和践行社会主义核心价值观的重要载体，是提高人民群众文化艺术素养和全体国民素质的重要文化阵地。

一、文化馆的宗旨职能

我国历来就有崇文重教、开启民智的优良传统，以文化人、以文育人的教化思想，源远流长。文化馆作为面向普通公众开放、提供文化活动的公共服务机构，其发展源头可追溯至民国时期民众教育馆。民国初年，教育部首任教育总长蔡元培先生，主张"用美育代宗教"，1915年，明令各地设"通俗教育馆"，集图书馆、博物馆、艺术教育等"社会美育"综合功能为一体，作为实施社会教育的中心机构，以"开通民智，改良风俗"。后来，"通俗教育馆"统一改称为"民众教育馆"。苏州市文化馆的前身，就是始建于1917年的民众教育馆。

新中国成立以后，党和国家更加重视社会教育事业，教育部借鉴苏联经验，将"民众教育馆"统一改建为"人民文化馆"。1952年，为了使文化部门在基层建点，更好地在工农群众中开展文化教育，各地"人民文化馆"划归文化部领导，改称为"文化馆"。1953年，文化部发布了关于"整顿和加强文化馆、站工作的指示",明确了文化馆的性质和工作任务,确定了以识字教育、政治宣传、文艺活动及普及科学知识为主要职能,集行政管理、业务开展于一身。1956年,文化部要求各地成立群众艺术馆,并颁发了"关于群众艺术馆的任务和工作的通知"。

1982年颁布的《中华人民共和国宪法》,明确了文化馆事业建设是国家和政府的责任,在第二十二条的条文中写明"国家发展为人民服务、为社会主义服务的文学艺术事业、新闻广播电视事业、出版发行事业、图书馆博物馆文化馆和其他文化事业,开展群众性的文化活动"。1992年5月,文化部依据宪法规定,颁布了《群众艺术馆、文化馆管理办法》(文群发〔1992〕28号),要求在省(自治区、直辖市)、计划单列市、地(州、盟)等地级市以上地区设立群众艺术馆,是组织、指导群众文化艺术活动,培训业余文艺骨干及研究群众文化艺术的文化事业单位,也是群众进行文化艺术活动的场所;在县、旗、县级市、市辖区设立文化馆,是开展社会宣传教育、普及科学文化知识、组织辅导群众文化艺术(娱乐)活动的综合性文化事业单位和活动场所。由于该文件的出台,正值中国商品经济大发展时期,因此,该文件中也有"以文养文"的政策导向,要求"积极开展以文补文和多种经营活动",从而导致文化馆市场化程度较高,一度成为艺术培训业的主力军,客观上影响了公益形象的树立。

从2002年以来,中央出台了一系列政策措施保障文化馆的公益性质。2005年中共中央办公厅、国务院办公厅《关于进一步加强农村文化建设的意见》和2007年中共中央办公厅、国务院办公厅《关于加强公共文化服务体系建设的若干意见》,对文化馆公益性文化事业单位性质作了明确定位,由政府予以保障和支持,不得企业化或变相企业化。2011年财政部和文化部联合下发《关于推进全国美术馆、公共图书馆、文化馆(站)免费开放工作的意见》,我国文化馆全部实现免费开放,文化馆的人员、公用等基本支出由同级财政部门负担,开展基本公共文化服务项目支出由中央和地方财政共同负担。

2015年1月,中共中央办公厅、国务院办公厅印发《关于加快构建现代公共文化服务体系的意见》,在"活跃群众文化生活"内容中,首次明确提出"积极开展全民艺术普及活动"的要求。同年11月,第二届中国文化馆年会召开,该届会议集中"体现了全民艺术普及，突出了文化馆的责任与使命"。2016年12月，《中华人民共和国公共文化服务保障法》颁布，强调了艺术普及的重要性。

综上所述，在现代公共文化服务体系建设的大背景下，结合各类相关政策，文化馆（包括各类群艺馆在内）的主要职能是：通过繁荣群众文艺创作、组织群众文化活动、保护和利用民族民间文化等方式开展服务，满足群众基本文化需求，提高全民文化艺术素养。

文化馆的工作任务，主要包括：

（1）指导群众文艺创作，开展群众文艺培训。根据群众需求，创作贴近生活、贴近实际、贴近群众的文艺作品，培育基层文化队伍，推广优秀群众文艺作品和其他文化产品。

（2）组织演出、展览、讲座等群众性文化活动，宣传党和国家方针政策、推动精神文明建设、展示地方特色文化、丰富群众文化生活。

（3）组织开展民族民间文化艺术资源的搜集、整理、保护和利用，协助文化主管部门开展非物质文化遗产保护。

（4）开展群众文化及其相关的理论和政策研究，编辑群众文化的刊物、资料等。

（5）推动开展区域性群众文化交流，开展对外民间文化艺术交流活动。

因此，一句话来概括其性质定位，文化馆正在从公益性文化事业单位，转型发展为以群众为中心的公共文化服务机构。文化馆的建设发展，从形式上看，是积极开展全民艺术普及活动，大力传播社会主义核心价值观；从本质上看，是提高广大群众文化艺术素养，整体提升国民素质；从效益上看，公益性文化活动等文化事业建设，培育和带动了文化产业的发展，促进了大众创业、万众创新。

二、文化馆的发展方向

将全民艺术普及作为文化馆发展的责任和使命，这就需要把市级文化馆放在全市域文化艺术事业发展的高度来审视，坚持改革创新，加强统筹管理，建立协同机制，优化资源配置，走共建共享之路，做到物尽其用、人尽其才，发挥各方优势，提升综合效益。具体可从专业化、社会化、职业化三大途径加以深入推进。

（一）专业化发展

专业化发展是文化馆建设的基础和前提，其目的是提升服务水平，提供专业化、标准化的文化艺术活动和服务。专业化发展的基础和前提，是建立健全文化馆服务标准体系，根据当地经济社会发展水平和供给能力，明确基本服务的内容、种类、数量和水平。

简单来讲，文化馆的专业化发展，包括三个基本要素：一是按照专业标准提供产品和服务；二是由专业团队来实施和管理；三是达到专业服务水准。以文化馆馆内服务提供为例，专业化发展至少体现在六大方面：一是内外环境整洁有序；二是设施设备运转良好；三是阵地开放科学合理；四是项目设置丰富多样；五是公众服务热情周到；六是内部管理规范有序。

（二）社会化发展

文化馆的社会化发展，区别于20世纪90年代"以文养文""以文补文"的市场化发展。当年"以文养文"的政策导向，主要是为了弥补文化事业财政投入的不足，以市场化手段，通过场地出租、有偿服务、低成本竞争等方式来实现业务创收，养活从业人员，从而客观上改变了文化馆的公益属性。

当前所说的社会化发展，则是在公共财政保障基本服务提供的前提下，为了进一步丰富文化活动、满足个性化需求，提供优质化服务，通过政府向社会力量购买公共文化服务、公共文化设施托管运营等方式，统筹、整合各类社会资源，引导、鼓励社会力量协同参与。从资金流向来看，"以文养文"是为了创收，资金从社会流向文化馆；而"社会化发展"，则是由政府主导，资金由文化馆流向社会。

文化馆社会化发展，具体可从三大领域进行推进：**一是着眼于文化馆自身发展**，通过体制机制创新，与社会各类机构对接，挖掘文化馆特色资源，加强文化创意产品研发，创新文化产品和服务内容；通过流动服务、数字服务等手段实现资源配送，盘活文化馆自有资源，提高存量资源的服务效能。**二是着眼于丰富艺术产品和服务供给**，文化馆代行部分行政职能，通过政府购买等多种方式，完善公益性演出补贴制度，通过票价补贴、剧场运营补贴等方式，支持艺术表演团体提供公益性演出；鼓励在商业演出和电影放映中安排低价场次或门票，鼓励出版适应群众购买能力的图书报刊，鼓励网络文化运营商开发更多低收费业务，推动经营性文化设施、非物质文化遗产传习场所和传统民俗文化活动场所等向公众提供优惠或免费的公益性文化服务。**三是着眼于文化事业培育壮大文化产业**，积极发展与公共文化服务相关联的教育培训、体育健身、演艺会展、旅游休闲等产业，引导和支持各类文化企业开发公共文化产品和服务，满足人民群众多层次的文化消费需求，文化馆在其中起到中介、组织、发动、引导等作用。

（三）职业化发展

现代公共文化服务体系建设，队伍是基础，人才是关键。文化馆职业化发展的内涵，就是以全民艺术普及的现实需求为牵引，以提升职业素养和业务能力为目标，加强文化馆从业人员的职业化建设。

文化馆的职业化发展，包括三个基本要素：一是职业发展理念、职业道德规范的确立。这是从业人员的理想与现实相结合，奋斗目标与自我约束相结合的基本内容。其中，职业道德规范是所有从业人员在职业活动中应该遵循的行为准则，实践证明，建立统一的职业伦理规范，对维系统一的职业理念，建立职业集团的职业尊严、职业声誉和社会形象，提高文化馆的社会认知程度，促进文化事业发展，都具有重要作用。二是业务岗位的基本职责与专业要求。包括入门专业资格要求、在岗服务专业素养要求等。三是职业成长支撑体系。如专业技能培训课程体系、维护从业人员权益的行业协会等。

三、文化馆的组织机制

现代文化馆总分馆制建设，要求文化馆，从一个文化阵地蜕变为一个全民艺术普及的组织体系，提供专业化、个性化服务，仅仅依靠文化馆自身力量与资源，是远远不够的。这就需要政府简政放权，减少行政审批项目，引入市场机制，激发各类社会主体参与公共文化服务的积极性，将适合由社会力量提供的公共文化服务事项交由社会力量承担，提供多样化的产品和服务，满足人民群众多层次需求。

新加坡的"人民协会+民众联络所"组织机制，可资借鉴。新加坡于1960年设立"人民协会（People's Association）"，目的在于促进不同族群民众的和谐共处、增加凝聚力。目前，人民协会在各社区设置108个"民众联络所（Community Centre）"，平均3—4万人拥有一所，为不同种族、不同语言和不同宗教信仰的民众提供聚会、交流的机会。民众联络所内设有活动室、羽毛球场、篮球场、会议室、工作室、画室、门球厅、家庭手工制作中心、会议中心、多功能厅、音乐室和阅读室等；开展的服务多样，在休闲教育方面，有绘画班、烹饪班、缝纫班、美容班、音乐班等，在职业及技能教育方面，开设有纺织、印刷、手工、木工、纸花、室内设计、电脑等课程，其他的还有为社区青年开办训练班，提供健康的社交活动，承办各类家庭和私人聚会，等等。人民协会建立了由1 800多个草根组织形成的网络，由志愿者来管理，向各民众联络所提供各类活动和服务，运行经费主要来源于政府拨款。

在我国目前阶段，不能照搬照抄新加坡"人民协会"模式，但可以借鉴这一组织方式，由政府授权文化馆来行使相应职能，起到平台、中介、组织、协调等作用。即在组织方式上，可以采用"文化馆全域组织协调+社会力量广泛参与"，由文化馆作为全域全民艺术普及的组织协调中心，动员、培育、组织各类文化类社会组织、企业、个人等社会力量生产、提供各类文化艺术产品和服务，乃至活动、项目、设施等的运营和管理，形成全社会艺术资源的共建共享，形成区域性的政府主导、文化馆积极组织、社会力量积极参与的社会化、专业化、职业化的全民艺术普及发展路径。

第二章
文化馆服务体系建设典型案例的经验与启示

由于单一文化馆服务半径有限，在某一地区实现全覆盖的普遍均等服务，只有建立布局合理、设施完善、功能齐全、服务便利的文化馆服务体系，才能实现资源下移、服务下沉覆盖该区域所有人群，才能满足不同群体的文化艺术基本需求。自2005年国家推行公共文化服务体系建设以来，全国各地已经涌现出不少文化馆服务体系的实践创新，实现了文化艺术资源与服务的城乡均衡，值得学习借鉴。文化馆总分馆制是文化馆服务体系的重要组织方式，强调的是由一个文化馆作为总馆，其他文化馆（或其他文化设施）作为分馆，分馆接受总馆管理，实现区域内的资源共建、人员共用、服务共享。

一、上海："东方系列"文化资源配送体系

上海市为了推进城乡公共文化服务一体化建设，在全国率先建立了市群艺馆牵头，依托各区（县）文化馆、街（道）文化中心，由东方宣教中心、东方讲坛、东方社区学校服务指导中心、东方社区信息苑、东方社区文艺指导中心、东方永乐数字电影以及社会力量等共同参与的市、区（县）、街（镇）三级联动的"东方系列"文化资源配送系统，为基层、社区、农村提供节目、讲座、教育培训、数字电影、文艺指导等服务，构建城乡一体化文化馆服务体系。

按照公益性、基本性、均等性、便利性的要求，上海市对市、区（县）、街（镇）三级公共文化资源实行差异化配置：市级配送资源注重优化内容结构，扩

大产品供应主体，强化示范性、引领性、指导性；区级配送资源注重集聚本区域各类文化资源，提倡多样化和普惠性；街镇配送资源注重为满足人民群众自我教育、自我娱乐、自我服务提供基本保障，支持社区居民利用基层公共文化设施自发组织开展健康有益的公共文化活动，并向居委、村提供延伸服务。

主要的配送机制：一是需求对接机制使配送产品更对路。坚持以市民需求为导向，定期开展调研和意见跟踪，不断调整配送内容，实施"选菜点单"按需配送。二是市区联动机制使配送体系更完善。全市17个区（县）全部建立了区级（二级）配送机构，人员和配套资金基本到位，部分街（镇）已启动三级配送。全年6 500万元市级公共文化资源配送总额度以区域人口为基础进行分配，市级配送人均额度为2.69元，重点向远郊倾斜，化解了中心城区资源集中、远郊地区资源稀缺的矛盾。如2014年，奉贤、金山、崇明三个远郊地区的人均享受额度比其他区（县）高34%。三是举手采购机制使配送菜单更丰富。通过广发"英雄帖"、举办采购洽谈会、提高演出采购标准等方式，不仅有效提升了配送质量，也使一批各具特色的文化创意和服务项目进入配送菜单，参与市级配送的社会力量同比增长迅速，受到社区欢迎。四是监管评估机制使配送工作更规范。制定、补充、完善了一系列制度，依托统一的配送服务平台建立起360度全方位评价反馈机制；将"拨款制"调整为"购买制"，"东方系列"配送机构的服务意识和配送质量得到有效提升。在全市各区（县）宣传文化主管部门的支持配合下，市、区（县）、街（镇）三级公共文化配送网络格局基本建成，市、区（县）两级资源配送总量大幅增加，市级资源配送质量有较大提升，社区和居民的满意度有所提高。五是建立全市公共文化资源数据化管理、集中配送和统一化发布平台。平台的主要功能是汇总市民需求、征集配送资源、公布配送菜单，实现基层"点单选菜"、后台流程管理、日常反馈监督、数据分析处理、内容数据库管理。

二、嘉兴："两员制"基层人员派遣制度

开始于2013年，并在2014年逐步形成体系的浙江省嘉兴市文化馆"中心

馆—总分馆"建设，将文化总分馆服务体系建设推向成熟阶段。

嘉兴市创造性地以市文化馆为中心馆，各县（市、区）分别建立总分馆，形成大嘉兴地区人民群众文化艺术服务一体化的"中心馆—总分馆"服务体系。

中心馆除了履行现有地区性场地设施服务之外，以行业、业务的"组织、规划、指导、评价"为切入点，具体负责编制全市文化馆事业发展规划，制定辖区内各级文化馆（站）、村（社区）文化礼堂的服务规范，编制和发布全市文化馆（站）资源、产品、服务提供的指导目录，推动全市及各县（市、区）之间文化交流联动、展示竞赛及品牌建设，统筹全市文化馆（站）系统的数字文化资源建设和搭建综合服务平台，并且统一全市文化馆（站）标识系统。

总分馆以县（市、区）为基本单元，县（市、区）文化馆为总馆，镇（街）综合文化站为分馆，村（社区）文化活动中心（文化礼堂）为支馆，形成"人员互通、设施成网、资源共享、服务联动"的服务体系。

在总分馆体系中，"两员制"是体系运行的关键。"两员制"，即由县总馆向镇（街）分馆委派1名"下派员"，村（社区）支馆配备1名专职"文化管理员"，形成"阵地有人管、队伍有人建、活动有人搞"的长效机制，实现所在县（市、区）域群众文化艺术服务的统筹、协调、规范和均等。

"两员制"建设职能明晰、制度完备。一是职能定位。镇级文化下派员，主要从事文化艺术创作、表演和辅导培训，整理、研究和开发地方民间文化艺术，实行"县聘镇用、县镇共管"模式；村级文化专职管理员，主要从事村级公共文化设施管理和群众文化活动的开展，实行"镇聘村用、镇村共管"模式。二是实现方式。镇级文化下派员，采用增加县文化馆人员编制或劳务购买方式；村级文化管理员，采用劳务购买方式。三是保障机制。镇级文化下派员，工资待遇由县（市、区）文化馆负责；村级文化管理员，工资待遇由各级财政共同保障、分级负担，确保落实到位。四是培训考核。加强"两员"队伍培训、管理、考核、激励，不断提升业务素质和能力，实现基层公共文化服务常态化、专业化和标准化。

嘉兴市文化馆"中心馆—总分馆"服务体系建设，为破解文化馆（站）

建设运行中普遍存在的设施"孤岛"运行、资源分散分割、人员上强下弱、服务城乡有别等突出问题,提供了可借鉴、可复制、可推广的解决方案,其成熟度、完善度全国领先。由此路径,文化馆(站)设施可互联互通,数字文化服务平台和资源可共建共享,制约体系末端的"最后一公里"可逐步贯通,村(社区)因获体系支撑而有望提高服务效能。

三、福田:"主题式"文化场馆群落体系

2003年,深圳市福田区开启"大文化"发展战略。3年投入13亿元进行公共文化设施建设,到2005年福田建成以"一公里文化圈"为基础的公共文化服务体系。全区仅文化馆系统就建成7个文化馆、10个街道文化站、88个社区文化活动室、50个文化广场。7大文化馆丰富了福田区的公共文化资源,为辖区居民提供了多样的公共文化服务,并促进了福田文化的发展繁荣,但另一方面,也给区财政带来了沉重的负担。政府因财力有限,诸多馆建成使用后只能通过场馆出租或与企业、培训机构合作的方式,来弥补经费的不足。这种迫于经济压力而寻求商业合作的模式,导致文化馆的经营性项目无序扩张、公共资源的公益性削弱,引起居民质疑和投诉。

2012年,管辖区属文体设施管理运营的"福田区公共文化体育发展中心"成立,收回了文化馆的场地经营权,实施文化馆总分馆制,即全区7个文化馆均按总分馆模式由文化馆中心馆统一领导、统一管理、统一经营,中心馆根据工作需要统一调配分馆的人力、物力资源。为统筹管理运营7大文化馆,经过调研和论证,福田根据场馆设施、专业人才、群众文艺队伍等资源分析,积极探索文化馆"专业化、特色化、竞争化"的发展模式,采取了"主题定位"的方式,把原来的中心馆和6个分馆分别定位为戏剧、音乐、书画、舞蹈、钢琴、非遗、梦工场(青年)7大主题文化馆群落。具体的实践创新做法及成效:

一是全面推进七大文化场馆功能提升工程。截至2015年底,七大馆实施内部功能提升总投资6 500万元,已完成舞蹈主题馆、音乐书画主题馆、梦工

场（一期）、戏剧主题馆（一期）、非遗主题馆等工程并对外开放，梦工场二期、戏剧主题馆二期、钢琴主题馆等内部提升工程则计划与外观提升工程同步推进。

二是积极实施"5+2工程"，每个主题馆"打造一组品牌活动、培育一批文艺团队、开设一个艺术沙龙、建设一所主题图书馆、组建一支文化义工队伍""配套一个剧场、一个展览厅"。

三是积极投入精品创作。抓实艺术作品的创作工作，挖掘具有时代特征、符合深圳文化特质的创作主题，重点扶持有培育价值艺术作品。2014年、2015年在各级各类文化活动中获奖的作品，分别有25件、21件。

四是连续举办"绽放"主题文化馆艺术节。以"文化彩虹、全民畅享"为主题，展演一批艺术精品，培育一批优秀团队，建立一套良好机制，打造一个文化品牌。

五是建主题文化馆理事会。7大主题文化馆全部组建成立理事会，共有理事87名，其中各艺术领域专家学者、社会组织、文化企业以及普通市民代表等"体制外"理事共72名，占五分之四。以理事会为平台，加快文化馆建设由传统政府主办向现代社会共同治理的转型，同时借助理事资源与影响力，丰富文化产品供给，激发社会力量参与积极性。

第三章
苏州地区文化馆服务体系建设的创新与实践

文化馆总分馆服务体系是我国现代公共文化服务体系建设中的新生事物，旨在解决基层群众文化艺术指导不力、服务能力不足、资源不对接需求等瓶颈问题，实现上下（各级机构）、左右（同级机构）、内外（体制内外机构）的共建共享、互通互联，提升服务效能。苏州地区在文化馆服务体系建设方面，先行先试，已经有不少创新实践与突破。

一、张家港："网格化"文化馆总分馆制

张家港市文化总分馆制，是以张家港市文化馆为总馆，以各区镇（含常阴沙现代农业示范园区、双山岛旅游度假区）和镇办事处文化站为分馆，以文化网格为服务点，形成三级节点、一体运行的文化馆总分馆服务体系，从而有效整合市、镇（办事处）、村（社区）各级文化馆（站）和文化网格资源，推动文化馆服务城乡一体，公共文化共建共享，构建现代公共文化服务体系。

张家港市实行总分馆设施建设统一标准，分馆助理统一派遣，服务活动统一规范，文化网格统一管理，数字服务统一平台，考核评估统一参与。具体而言：

一是设施建设标准化。张家港市对总馆、分馆进行科学合理规划，完善功能布局，统一配置标准。总馆作为全市群众文化组织体系的龙头和核心，在江苏省乃至全国保持领先水平。镇分馆阵地面积达5 000平方米以上，常阴沙现代农业示范园区、双山岛旅游度假区及各镇办事处分馆达2 000平方米以上，

场地设备向公众免费开放。村（社区）文化站为文化网格提供阵地支撑，阵地面积应达200平方米以上，功能活动室齐全，并向公众免费开放。

二是助理派遣制度化。张家港市探索建立"政府购买岗位、擂台公开招贤、派遣分馆助理"的制度，协助分馆馆长负责辖区内活动策划、培训辅导、特色挖掘、文艺创作等工作。2015年1月，《张家港市文化馆镇级分馆馆长助理派遣工作制度（试行）》出台，10名市文化馆（总馆）专职文艺人才被任命为各镇（区）分馆馆长助理，实现总分馆之间业务工作的有效衔接和管理。

三是服务活动均等化。张家港市整合全市公共文化服务产品，将基层优秀文化产品纳入政府采购范围，由总馆进行统一管理、统一配送。分馆和网格服务点结合本辖区内实际和群众意愿，有针对性地设置开展各类差异性服务活动项目，满足不同群众需求。建立群众反馈机制，及时调整配送内容。建立区域联动机制，充分发挥总馆、分馆、网格服务点优势和特点，实现活动联办、品牌联创、培训联做、场地联用、平台联建。

四是网格激励常态化。张家港市把文化馆总分馆体系的服务末端建立在文化网格上，建立常态化激励机制，促进网格文化员更好地开展工作，强化网格服务点在张家港市文化馆总分馆体系中的基础作用。总馆每年开展"群文大讲堂"不少于110课时，举办网格文化员集中资格认证培训不少于1场次，开展"幸福港城"网格文化系列活动，以群众文艺团队PK赛、网格文化员才艺大比拼等活动为网格文化员提供良好的展示平台。每年评选优秀网格文化员100名、星级群众文艺团队100支以上。

五是数字平台一体化。张家港市大力实施文化数字化服务工程，打造总分馆一站式综合性数字服务平台。创新服务方式，利用数字文化馆，开展网上查询、网上辅导、网上展览、网上比赛、网上讲座等服务，推动总分馆互动交流；利用实体数字文化体验馆，结合"群文大讲堂"，在各分馆和有条件的网格服务点开设远程培训班，由总馆定期进行在线培训，扩大受益群众范围。加强资源建设，建立统一的数据库，根据总馆、分馆和网格服务点的不同职责，进行系统权限分配，实现全市公共文化资源的共建共享。

六是考核评估社会化。张家港市对全市总分馆建设、管理、服务、质量、效益等开展科学合理的考评,突出社会参与,实现考核评估主体社会化,由党委(党工委)、政府(管委会)主导统一组织,由文化馆总分馆理事会进行专业考评,委托第三方机构开展"群众满意度"等公众测评,并接受社会监督,注重传统考评方式和网络考评方式相结合。考评结果在全市进行通报,并实行相应的奖惩措施。

此外,张家港市坚持政府主导、社会共治、规范管理,在不同建设主体之间搭建共建共享平台,促进文化馆(站)事业蓬勃发展、文化馆总分馆体系长效运行。坚持政府主导,建立部门协同机制。各级党委(党工委)、政府(管委会)作为责任主体,为文化馆总分馆体系建设提供良好的政策保障、经费保障、组织保障。市文广新局作为主管部门,会同其他职能部门及各区镇,实行行业监管,形成工作合力。市文化馆、镇(办事处)综合文化站、村(社区)文化馆(站)积极转变职能,切实履行总分馆职责。

二、吴江:区域文化联动促进共建共享

由吴江市(现为吴江区)创立的"区域文化联动",以广场文艺联演为主要载体,同时开展电影联映、书画联展、优秀社团联评、文艺创作联动和理论研究联动,取得了很好的效果,初步实现了一定区域范围内的群众文化活动资源的共建共享,可以视作文化馆服务体系建设的早期形态。

吴江市地处江、浙、沪交汇处,是长江三角洲最具活力的新兴城市之一。伴随着经济社会的全面进步、外来人口的急剧增多,吴江市呈现出对公共文化服务产品的需求总量激增、对公共文化服务产品质量的要求也越来越高的趋势。在此背景之下,吴江市提出了"区域文化联动"理念,并开始实施"区域文化联动"活动。

一是建立区域文化联动组织机制。先是在2003年建立了由吴江市文化馆牵头,吴江市盛泽、平望、震泽3个镇的文化站参加的文化联动组织机制;2004年,建立了由吴江市委宣传部、吴江市文广局牵头,全市10个镇党委、政府共同参加的"吴江市十镇联动"组织机制;2009年,建立了由吴江市文

广局牵头，上海市青浦区文广局、浙江省湖州市文化馆、浙江省嘉善县文广新体局、吴江市文广局共同参加的"长三角区域文化联动"组织机制。

二是创设区域文化联动载体和平台。创设了"吴江市三镇联动大型文艺巡回演出""吴江市十镇联动大型文艺巡回演出""江浙沪文化联动大型文艺巡回演出"等载体和平台，举办了系列农村文化广场演出活动。整个活动由吴江市委宣传部、市文广局和各镇党委、政府等主办，吴江市文化馆、各镇文化站承办，政府机关、企事业单位协办。

三是制定开展区域文化联动的一整套方法。为了切实做到文化联动，使区域文化联动收到良好的效果，吴江市形成了一整套工作方法。每年"十镇联动大型文艺巡回演出"举行之前，吴江市委宣传部、吴江市文广局都要召集所有乡镇及相关部门开会，研究演出主题、内容和形式。在具体实施过程中，由吴江市文化馆负责演出活动的策划、辅导、统筹、舞台、灯光、音响、舞美等工作，并在组织、业务、技术上提供服务和保障。全市十个镇各自创作、排演一台90分钟的节目，先在本镇的文化广场演出，市文化馆再从十个镇排演的节目中抽调部分优秀节目组成一台综合节目，到各个镇巡回演出。每年区域文化联动大型广场文艺演出活动全程历时均为2至3个月，从5月开始至7月结束，每周在乡镇文化广场演出2场，共演出20场以上。不断丰富区域文化联动的内容和形式。为了使区域文化联动常搞常新，吴江市不断丰富区域文化联动的内容和形式。在内容和形式上做到年年有不同，年年有新意，使区域文化联动始终保持强大的吸引力、感召力和旺盛的内在活力。

吴江的"区域文化联动"创新了文化馆服务活动体系，联合所有县域文化馆并拓展联动区域，整合了文化资源，提高了服务效率，拓展了县域文化建设的途径和空间，开启了构建公共文化服务体系的新型活动方式，提升了公共文化服务能力。

三、太仓："百团大展演"力推群文创作

文艺创作是群众文化工作的生命线，太仓市文化馆重视艺术创作，在实

践中努力探索,精心打造了太仓市业余文艺团队"百团大展演"暨群众文艺创作节目大赛,以赛事活动带动群众文艺创作辅导体系的形成。

首届业余文艺团队"百团大展演"活动自2008年4月底开始,至10月中旬结束,共吸引了127支业余文艺团队、2 500多名业余文艺爱好者参与;共计演出140多场,观众达15万人次。

从2009年的第二届直到2016年的第九届,"百团大展演"在活动的形式和内容上贴近时代,不断创新,使得活动常办常新。首先,在观念和理念上有所创新。"百团大展演"以人人参与文化、人人享受文化为主旨,体现了以人为本,突出了人民群众在文化活动中的主体地位,让人民群众站到了文艺演出的前台,由原来文艺演出的观众和配角,变成了文艺演出的主角,激发了人民群众的文化创造活力。其次,在内容和形式上有所创新。"百团大展演"演出的内容大多为群众自编自创的优秀文艺节目,主题鲜明,形式多样,内容贴近生活、贴近实际、贴近群众。最后,在方法和手段上也有所创新。一是以政府为主导。每届"百团大展演"均由太仓市文化广电新闻出版局等政府有关部门主办,由文化馆、群文学会等承办。二是以业余文艺团队和民间文艺组织为主体。"百团大展演"充分体现人民群众既是文化的创造者,又是文化的享有者。三是充分调动了镇、村社区的积极性。市、镇、村(社区)联动,"百团大展演"对构建和谐大社区起到了很好的促进作用,因而得到了镇、村社区的有力支持。

太仓市文化馆为满足"百团大展演"需要,在开展艺术培训和辅导方面不遗余力,初步构成群众文艺创作辅导体系。首先,文化馆建立了"业余团队联络员制度"。指定馆内的业务辅导干部与业余文艺团队以及乡镇文化站结对,开展业务联系和辅导工作。其次,积极开展业务培训工作。每年都举办戏曲、舞蹈、摄影、书法和文学等培训班,邀请相关专家老师进行授课,使业余文艺骨干的业务水平不断提升,参与文化活动的热情不断提高。再次,积极开展对基层的辅导。市文化馆充分发挥创作中心、辅导中心的优势,在为文化站、业余文艺社团做好常规辅导工作的同时,为各企事业单位提供演出作品和表演辅导,对基层需求做到有求必应。

目前，太仓全市业余文艺团队有200多支，成员5 000人以上，已成为全市文化活动的重要力量，各团队紧密围绕社会主义核心价值体系，创作出了一大批反映时代特色、贴近群众生活的文艺精品，形成了群众文化共建共享的良好局面。

四、苏州："基层文化从业人员资格认证"制度

苏州市为了提高基层文化从业人员的综合素质，切实加强对基层文化从业人员的管理，从2007年11月开始实施以"统一培训、统一考试、持证上岗"为主要内容的基层文化从业人员资格认证制度，在对基层文化从业人员实行资格认证方面走在了全国的前列。为了保证各项工作的顺利进行，苏州市人事与文化主管部门联合下发了《苏州市基层文化从业人员资格认证管理制度》《关于〈苏州市基层文化从业人员资格认证管理制度〉（试行）的实施意见》等文件。2008年进行首轮培训和考试，之后连续3年开展了两轮基层文化从业人员资格认证培训，来自各市（县）、区的1 570余人参加培训并结业，基本实现了基层文化从业人员培训全覆盖。

2011年，苏州市被确定为全国首批31个国家公共文化服务体系示范区创建市之一，也是江苏省唯一获此殊荣的城市，在全市积极创建公共文化示范区的契机之下，基层文化从业人员资格认证工作覆盖面由文化馆（站）扩展到公共图书馆和非物质文化遗产保护领域，全年累计培训基层公共图书馆从业人员1 212人次，非遗保护从业人员180人次。

2011年11月，为进一步提高基层文化从业人员素质、加强对基层文化从业人员的准入管理，苏州市文化广电新闻出版局颁布了《关于进一步落实〈苏州市基层文化从业人员资格认证制度〉的意见》，提出进一步落实2007年颁布的《苏州市基层文化从业人员资格认证制度》的意见与措施，包括调查摸底，填写《苏州市基层文化从业人员情况登记表》、开展教育培训、组织考试、颁发《资格证书》以及监督检查等措施。

今后，苏州市乡镇、街道文化站在编的管理人员和工作人员、城镇社区、

农村行政村负责文化工作的人员，通过社会招聘方式进入乡镇、街道文化站以及社区、行政村从事基层文化工作的合同制人员都将进行统一资格认证考试，全部持证上岗，以提高基层文化工作人员综合素质，通过加强基层文化队伍建设推进基层文化创新。

苏州市公共文化从业人员资格认证制度，也加快形成了区域性文化人才培训体系。通过对从业人员统一培训，使其相互沟通交流，从而促进了从业人员共同体的形成；从业人员参加培训也可提高自身的组织协调能力和公共文化素养，从而提高公共文化产品的质量，扩大其社会影响力。

第四章
苏州市文化馆转型发展的现状与基础

苏州市是国家历史文化名城和风景旅游城市,国家高新技术产业基地,长江三角洲城市群重要的中心城市之一,是江苏长江经济带重要组成部分。

苏州市辖5个市辖区:姑苏区(苏州国家历史文化名城保护区)、虎丘区、吴中区、相城区、吴江区;代管4个县级市:常熟市、张家港市、昆山市、太仓市。全市共设40个街道和55个镇,其中苏州市区设37个街道和22个镇。

一、社会经济成熟、文化资源丰富、创意产业发达

苏州市经济发达,是中国长三角经济发展带的中心。2015年,全市实现地区生产总值1.45万亿元,按可比价计算比上年增长7.5%,人均地区生产总值(按常住人口计算)13.63万元,按年平均汇率折算超过2.1万美元。

苏州是中国首批24座国家历史文化名城之一,有近2 500年历史,是吴文化的发祥地,历史文化资源丰富。全市现有市级以上文物保护单位816处,其中全国重点文物保护单位59处、省级112处。共有国家级历史文化名镇13个、名村5个。全市共计6个项目列入联合国《人类非物质文化遗产代表作名录》,30个项目列入国家级非物质文化遗产代表作名录,30人列入国家级非物质文化遗产代表性传承人。

近年来,苏州着力培育文化创意产业,全市形成了以8个国家级、15个省级和55个市级文化产业示范园区(基地)为主体的产业空间格局,2015年,

文化产业营业收入4 100亿元，比上年增长15%。并于2015年加入联合国教科文组织全球创意城市网络，成为手工艺与民间艺术之都。

二、公共文化服务设施完善、活动丰富、制度健全

苏州公共文化服务体系建设一直走在全国前列。近年来，大力投入公共文化设施建设，先后投入40余亿元，建成苏州博物馆新馆、苏州演艺中心、苏州美术馆新馆、苏州市文化馆新馆、苏州名人馆、苏州评弹学校新校等一批重点文化设施。全市现有13个国家一级公共图书馆，10个国家一级文化馆，各类博物馆、纪念馆、美术馆70余家，数量之多、项目之丰富居于全国前列。

同时，苏州市群众文化活动规模结构合理，品种样式丰富多彩，近年来成功承办了中国昆剧艺术节、苏州评弹艺术节、中国戏剧节等品牌节庆活动，苏州阅读节已成功举办十届。全市年均开展各类公益性展演展示活动6万场次，惠及农村及社区群众5 000万人次，至2015年底，全市人均公共文化设施面积已达到0.27平方米，并实现了市、县（区）、镇（街道）、村（社区）四级设施网络全覆盖。

2015年10月，《苏州市公共文化服务办法》经市政府第44次常务会议讨论通过，自2016年1月1日起施行。这是全国首个地级市综合性公共文化服务规章的出台，既是因时制宜，巩固已经取得的文化建设成就，也是苏州率先基本实现现代化的具体体现之一，标志着苏州公共文化体系建设正式迈入法治化进程。

三、苏州市文化馆拥有的基础与优势

（一）体制改革：公共文化中心八大机构互联一体

2011年7月，经省、市编办批复同意，原苏州市文化馆、美术馆、名人馆、吴作人艺术馆、颜文樑纪念馆、苏州版画院和杭鸣时粉画艺术馆共8家机构，重新整合而成的新型公共文化服务机构——苏州市公共文化中心正式成

立,并挂"苏州美术馆""苏州市文化馆""苏州市名人馆"牌子,经费渠道为全额拨款。苏州市公共文化中心有8大类18项职能:场馆开放、公共文化教育服务、群众文化类公共文化服务、美术类公共文化服务、苏州名人史料收集、非物质文化遗产保护研究传承、对外交流、公共文化服务数字化建设。

自2011年9月正式成立并对外开放以来,苏州市公共文化中心扎实推进各方面工作,文化惠民活动异彩纷呈,公共文化服务的质量和效益进一步改善,发展势头良好。截至2015年底,共举办展览197场,演出218场,公益讲座76场,公共教育活动155场,年均接待观众约50万人次,受到市民群众普遍好评,相关项目及新创作品先后获得国家级、省级、市级各类奖项212个。

苏州市公共文化中心整合了全市最重要、最强的文化资源,并围绕"示范、联动、特色"这三个关键点来打造三个中心:一是公共文化服务的示范中心,并重点抓好文化惠民活动提质工程,公共数字文化提速工程和志愿者团队提效工程;二是公共文化机构的联动中心,与县级、周边公共文化机构建立协作关系,与大型文化艺术单位、中小学、高校、工、青、妇等部门建立合作关系,与海外美术馆、高校建立伙伴关系;三是公共文化整合的特色中心,充分发挥了美术场馆整合集聚苏州美术资源的优势,"中心"承上启下的优势,向上对接接文化部全国公共文化发展中心,向下指导各县级市、区公共文化服务机构以及党建优势。

(二)技术变革:数字文化馆建设引领发展潮流

苏州市文化馆积极推进文化与科技整合,以数字文化生活体验馆项目(文化部科技创新项目)和数字文化馆全国试点(全国首批十家数字文化馆试点之一)建设为载体,以中国文化馆协会数字文化委员会落户为依托,以与北京大学(文化部公共文化研究基地)和上海图书馆(文化部公共文化研究基地)的战略合作为契机,重点建成文化艺术创客项目和数字休闲空间,引领发展潮流。

苏州市建设数字文化馆在第一阶段聚焦三个维度,一是信息资讯的现代化传播,聚焦于公众对公共文化服务信息的获取与反馈,包括在互联网络、有线电视、新媒体等信息渠道建设全媒体覆盖。开设新版网站、建设微信服务平台、微博发布平台、信息发布系统和远程指导网络；二是虚拟空间的资助服务，聚焦于公众对公共数字文化资源的远程获取和提供，主要做法是通过互联网络为媒介，打造网上美术馆、名人馆、文化馆和"文化苏州"云服务平台，为公众提供自助式的远程文化服务，跨越时空限制，实现24小时不间断服务。三是实体空间的数字式交互体验，聚焦于公众对公共文化设施实体空间的数字文化服务，提供公众喜闻乐见、寓教于乐的数字交互活动，如大型数字互动墙、名人馆时光隧道、网络诵读大赛、网络歌手大赛等，提升现代公共文化服务效能。在潜移默化中，传承优秀传统文化、弘扬社会主义核心价值观。

苏州市文化馆在第一阶段建设的基础上，深化三个维度的全方位建设，在第二阶段大力推进特色亮点项目。一是全民艺术普及平台建设，新建全民艺术普及信息发布平台，进行全民艺术普及虚拟展览，并以此提升网络诵读大赛活动；二是新型电子阅览室提档升级，打造创客空间，为创客提供活动空间及交流、展示、制作、传播相关的设施和服务，开设创客课程和工作坊，开辟互联网+创客空间；三是文化数字休闲空间，计划引入咖啡冷餐服务，免费提供1000册艺术欣赏以及艺术设计类的原版图书，为观众提供在欣赏展览、演出等活动之余，能够延伸阅读、静心思考、寻找艺术火花的空间。此外，在数字文化休闲空间中，还拟设置文创产品展示区域以及艺术沙龙活动区域等，进一步提升数字文化休闲的空间氛围。

（三）业务创新："网络歌手""经典诵读"全市发动

苏州文化馆积极进行业务创新，以群众参与、互联网+模式创新、融合文化经典等位特色开创了一系列高品质、多元化的公共文化产品和服务。

一是创新实施"品苏——苏州名人名篇网络诵读大赛"，以诵读的方式传播苏州名人、名篇，传承苏州文脉，弘扬苏州优秀文化传统。苏州市公共文化中心、苏州市名人馆联合众多公共文化机构，广泛动员大、中、小学校学生参与，要求参赛者从主办方推出的历代苏州名人100篇传世佳作中挑选一篇吟诵。首届大赛于2016年5月31日开始，历时四个月，先后进行了网络初赛、网络与现场复赛、决赛等，采取线上群众普遍参与及线下实体参赛相结合的方式，配套微信推送、口袋本和笔记本发行，共有3 123名选手参赛，140多万人次参与网络投票，关注浏览人次达514多万。

二是通过"互联网+"的模式发掘一批本土优秀群众歌手和群文作品，不断扩大"我爱歌唱"网络歌手大赛影响力。经过近6个月的角逐，共有337位"苏州好声音"献声"我爱歌唱"首届网络歌手大赛，网络点击量达16万人次，赛制上既尊重网络人气投票结果，又加入专业评审盲听的评分方式，最终决出金、银、铜奖、优秀歌手奖及最佳人气奖等21名。赛后，这些获奖歌手成为苏州市公共文化中心志愿者队伍的生力军，在苏州大市范围内开展8场公益巡演，为大众歌唱，送文化关怀。

三是创新开设"品苏"手艺体验，让非遗项目活起来。以传统苏作为主要内容，涵盖苏绣、玉雕、苏扇、桃花坞年画、核雕、缂丝织造等"非遗"项目，通过每月一场的手艺体验，邀请手艺大师们在现场为观众讲解手艺传承历史、演示手艺工序流程，同时安排观众现场"学艺"，在特别创设的空间中，让参与者与老手艺零距离接触，感受传统工艺的魅力。2016年上半年共完成巧手锦心——苏绣鉴赏与体验、指上乾坤——核雕鉴赏与体验等"品苏"手艺体验11期，组织吴门琴派传人赴重庆与南山琴派开展古琴交流展演，获重庆文化界高度好评。

四是推出"听老苏州讲苏州名人故事"特色系列活动。历经半年时间策划筹备，从名人馆志愿团200多位成员中选出王凤芝、张林萍、周国珍、徐筱玲4位熟悉苏州方言、具有扎实讲解功底、平均年龄在60岁以上的"老苏州"担任活动主讲人，通过苏州话妙趣横生地讲述苏州历史名人的逸闻趣事，丰富孩子们的假期生活，在潜移默化中育人于无形。14场专题活动场场爆满，伍子胥、范仲淹、朱买臣、颜文樑、吴健雄等的"好白相"故事吸引了1 500余名学生，受到了小朋友和家长的热烈欢迎。

（四）群众基础：市民艺术素养提升志愿服务工程

苏州市文化馆着重打造群众基础，以文化部文化志愿者示范项目——市民文化艺术素养提升志愿服务工程为载体，加快构建参与广泛、内容丰富、形式多样、机制健全的文化志愿者服务体系。

（1）加强志愿者招募、管理和激励。以市民文化艺术素养提升志愿服务中心为抓手，完善招募制度、培训制度、积分及兑换制度、考核制度和激励机制，对志愿者实现分类指导、持证上岗、动态管理。建立名誉馆员、星级志愿者等荣誉体系，推行积分等级制，定期表彰年度优秀文化志愿者。

（2）打响志愿者服务品牌。着力将志愿者作为公共文化服务中心对外服务的特色窗口，开展场馆导览、讲解、公共教育活动等常规服务，有针对性地开展专业辅导、非物质文化遗产保护、数字化新媒体线上互动等拓展服务，不断扩大志愿者团队影响。

（3）倡导"公益精神"。强化市民群众的"公益意识"，积极吸引有实力的企业、社会组织及个人等以捐赠、协议委托、服务等多种方式，投身文化志愿服务，真正发挥公平、公正"第三方"的运通作用，努力成为政府、社会、市场及个人之间的桥梁纽带和"润滑剂"。

第五章
苏州市文化馆构建总分馆服务体系的思路与定位

推进文化馆总分馆体系建设，宜以县级文化馆为总馆，镇（街）文化站为分馆，村（社区）综合文化服务中心为基层服务点，实现区域性群众文化服务"五统一"。即："统一网点布局、统一服务规范、统一信息平台、统一绩效评估、统一人员培训"。推动服务区域基层群众"进行公共文化鉴赏、参与公共文化活动"等基本文化权益直接相关的群众性文化服务科学有序、均等提供、高效运行。目前，以县级文化馆为中心，构建县域文化馆总分馆服务体系，已经成为国家构建现代公共文化服务体系的重点发展方向。

作为地市级文化馆，可以在地级市范围内，发挥"中心馆"作用，把指导和帮助服务区域内各县建设"总分馆体系"作为重要职责，发挥好业务指导、活动组织、人员培训、行业服务、平台支撑等功能。但仅仅这些，至少对拥有丰富城市文化资源的苏州市文化馆来讲，其功能和作用均未得到有效发挥，城市社区居民，尤其是白领阶层的文化需求尚未得到充分满足。因而地市级文化馆在构建文化馆服务体系中该扮演什么样的角色，为全域提供什么样的公共文化服务及如何实现的问题，成为时代发展的新挑战。

一、目标定位

地市级文化馆，一般地处市本级，在现代公共文化服务体系建设大背景下，它不仅是市本级城关镇老百姓的公共文化提供场所，更是全市域老百姓的公共文化服务机构；它不仅组织馆内公共文化资源服务公众、满足基本需求，而且也需要组织全市域优质文化资源服务公众，满足个性化需求。

因此，地市级文化馆，在市、县、乡、村四级公共文化服务体系中，应当有自己的定位，至少包括三大方面：一是面向全市、支撑全域的全民艺术普及；二是整合全社会文化资源、优质资源，服务民众、惠及全民；三是不仅是文化馆服务体系的总馆，更是社会文化的中心，特别是以城市青年群体为核心，提供适应现代人们需求的文化艺术产品与服务。

具体而言，首先，地市级文化馆作为全域全民艺术普及的龙头，需要为全市各县（区）文化馆、乡镇（街道）文化站、村（社区）文化室等公共文化机构，提供资源配送、整合利用等方面的组织协调，为全域内艺术普及建设提供联动服务。

其次，地市级文化馆需要主动统筹、整合社会各类优质文化资源，利用市场机制、手段，建立起政府主导下的多元化提供的公共文化产品和服务供给体系。

最后，地市级文化馆作为公共文化机构，在提供普遍服务的同时，与县级文化馆功能错开，聚焦城市青年群体（包括务工人员），创新服务内容、丰富服务方式、提供现代产品与服务。

二、特色发展

（一）市与县的定位差异，带来文化馆服务体系建设路径的差异

县级文化馆总分馆制主要是整合县域内群众文化艺术资源，加强对县域内文化活动、文艺创作、文艺辅导、送戏下乡、队伍培训以及演出器材设备调配等方面的统筹。县级文化馆总分馆制以"强化基层，促进均等"为基本原则，以乡村两级为重点，以需求为导向，促进公共文化资源向基层特别是农村倾斜，增加基层公共文化资源总量，保障城乡群众普遍均等地享有基本公共文化服务。

市级文化馆服务体系，主要依托城市市区文化艺术资源，加强对市本级

文化资源的整合利用。市级文化馆服务体系，应以"优质提供，分众服务"为基本原则，以城市居民为重点，引导和鼓励社会力量参与公共文化服务提供，创新高端化、品质化文化资源生产，满足城市居民小众化、个性化需求，实现精准服务。

因此，地级市总分馆制建设不能简单拷贝县级总分馆制建设模式。

（二）城市间发展差异，带来市级文化馆服务体系建设模式差异

不同城市之间，在地理区位、文化基础、经济社会发育程度等方面，存在着客观差异。例如，东部地区人口居住密集，而西部地区地广人稀，文化馆服务体系设置固定设施、流动设施的数量，服务载体与服务方式就会存在大量差异；各地文化传统底蕴、文化资源基础不同，文化馆服务体系供给内容、品种上，会存在大量差异；各个城市经济发展程度不尽相同，城市化进程水平不尽相同，政府管理深度也不尽相同，例如以人员的"上挂下派"为特色的嘉兴市文化馆中心馆—总分馆服务体系模式，在其他地区因受到人员编制紧控、经济负担压力的影响，几乎难以成功复制。

因此，地级市文化馆服务体系建设，需要因地制宜，不能简单拷贝。

（三）服务对象构成（人群构成）差异，带来文化需求差异

城市是人流、物流、信息流的集散中枢，是在一定范围内多数人类集中生活的高密度地区，是不同职业、价值观、信念、宗教等人群的聚集地。因此，城市居民的生活方式比起农村人更受专门性、阶层性、迅速性、制度性等社会组织的约束，在生活样式上具有一种组织化的共同体性质，在文化需求上，呈现出群体化、多元化、差异化需求。

城市的现代化建设，首先是人的现代化，即城市居民的观念和素质的现代化，为城市持续发展提供智慧源泉；城市的现代化建设，也是文化的现代化，即形成富有地方与民族特色的城市文化，并具有积极的扩张力和强大的吸引力，能影响城市居民的文化素质和道德水平不断得到提高。

因此，市级文化馆服务体系建设，必须直面城市居民的多元化需求，因

地制宜提供针对性服务，全面支撑城市现代化建设。

三、实现途径

（一）三重定位

综上所述，地级市文化馆，既要在文化体制上，对县级文化馆总分馆制起到"中心馆"作用，统筹市、县、乡、村四级文化馆（站）文化资源要素的合理配置和资源的整合利用；又要在全市地域内，对文化类社会组织起到"中心馆"作用，培育、孵化、授权、监管、考核等，无所不能；还要在文化艺术素养提升方面，对城市居民起到"中心馆"作用，设施、资源、服务、活动等，不可或缺。

简言之，地级市文化馆有三重定位，在体制上，是全市文化馆（站）的中心馆；在地域上，是全市文化类社会组织的中心馆；在功能上，是全城居民文化素养提升的中心馆。

（二）机制创新

在构建地级市文化馆服务体系时，离不开机制创新支持。从宏观层面上讲，要将现有行政管理机制进行转型，与社会经济发展相适应，形成市场化机制运作，更加注重市场在资源配置中发挥作用，构建互联互通、包容开放的大体系，促进文化类社会组织与文化馆共同发展合作，并进行良性竞争，为群众丰富公共文化服务提供。从微观层面上讲，文化馆治理方式也需要进行机制创新，实行现代法人治理体系，即在活动开展上以项目制进行，实现扁平化管理，提高工作效率；在收入分配上，打破大锅饭、一刀切，实现绩效制，进行考核分配收入，提高工作积极性；在人员身份上实现雇员制，而非单一的人员编制，促进公共文化服务工作的职业化、专业化发展。最终促进机制融合，实现混合所有制共同发展。

第六章
苏州市文化馆服务体系建设的重点与任务

虽然经过多年的探索实践以及第一批国家公共文化示范区创建的大力推进，苏州市公共文化体制机制改革建设取得了卓越成效与辉煌成果，走出了一条"城乡一体化、率先现代化"的现代公共文化服务建设道路。但是体制机制改革再次大突破缺乏内在动力，困难重重。

一是在文化治理方面，尚未建立起政府、市场、社会三者协同的有效机制，公共文化机构的法人治理结构推进缓慢、成果不显著，城市社区居民和村民参与社区公共文化服务项目规划、建设、管理和监督的路径尚不清晰，群众文化选择权、自主权尚需进一步保障。公共文化服务第三方评价机制尚未全面贯彻，公共文化服务评价的客观性和科学性有待进一步加强。

二是在公共文化服务社会化发展方面，还需要大力推进。虽然苏州努力推进社会力量参与公共文化服务，但是文化类的社会组织在公共文化服务供给上还没有成为重要主体，也缺乏行业协会等对其进行统一管理。特别是"信得过、靠得住、用得上、离不开"的文化类社会组织培育，还缺乏有效的孵化机制。

三是在公共文化设施专业化运营管理方面，目前主要还是依托传统管理体制，以文化事业单位方式进行管理，缺乏职业经理人制度，特别是在专业性要求较高的艺术活动组织方面，缺乏高端策展人才，公共文化供给陷入大众化、缺乏高品质、个性化，难以满足小康社会城市居民对文化品质日益提升的需求。

四是在公共文化创意产品研发方面，缺乏长远规划，陷于平庸、简单化，在公共文化服务促进"大众创业、万众创新"方面，尚未建立起有效的支撑服务环境和政策保障体系。

应对这些问题困难，苏州市文化馆"特色中心"建设要重点在以下十个方面加强。

一、"中心馆"：构建全域公共文化服务协同中心

市文化馆在全域公共文化服务中需要担当区域性公共文化协同中心，协调各区（市）城乡文化资源调配，解决各地发展不均衡问题，促进全市域公共文化服务整体发展。

（一）市文化馆要成为师资调度中心。合理调配人力资源，实现优势互补和资源共享。一是统筹全域教育师资资源，包括文化系统辅导队伍；教育系统内大中小学教师、艺术院校教师；全社会艺术培训机构人员；具有艺术专长和热心公益事业的志愿者；二是改变各文化机构人才管理各自为政的现状，建立师资调度平台，师资缺乏的地区可通过平台要求调派师资力量支持；三是加强当地公共文化从业人员培训，全市集中对各县区从业人员进行培训，定期举行各地区间的师资培训交流，鼓励跨区人才辅导，实现师资资源的最大化利用。

（二）市文化馆要成为改革创新研究中心。文化馆服务体系的发展离不开体制机制的改革，因而市文化馆要引领各县区文化馆（站）创新管理机制，增加发展活力，探索新的活动模式。其主要职责和基本任务是：组织公共文化创新基础理论和相关课题研究，为全域公共文化创新发展提供理论支撑；培养各类公共文化服务创新专门人才，为公共文化服务体制机制创新建设提供人才保障；提供政策咨询与信息服务，为各级文化馆（站）决策提供智库支持；关注国际公共文化创新发展与研究的进程，建立中外学术交流平台；跟踪关注我国公共文化创新理论前沿，承担政府部门交给的文化创新课题研究任务。

（三）市文化馆要成为区域均衡发展中心，解决各地区公共文化发展不均

衡、城乡发展不均衡的现状。加强城乡之间的交流与融合，建立城乡互动、互利双赢和共同发展的统筹机制，以城市辐射带动城镇和农村。一是开展流动服务，应用流动服务车开展诸如基层文艺演出、流动文化讲座、巡回式书画、摄影展览、群众文艺精品推广、区域文化联动、非遗文化进校园、书法教育金校园、创作采风活动等；二是数字资源推送，用数字化打通文化"最后一里路"，打破现实城乡壁垒，数字平台与全市域文化馆（站）实行专线互联，城乡居民都可以利用此平台平等地享用海量数字资源，根据需求定制服务；三是开展基层辅导，市文化馆专业人员以组织群众文化活动为抓手，通过定期、定点开展乡镇街道和社区文艺团队辅导，努力挖掘基层文艺力量、提升基层群众文化水平。

（四）市文化馆要成为文化资源调配中心。一是统筹全域内公众的文化需求和文化资源，实现二者对接，负责全域公共文化资源配送；二是负责对接受配送的区（市）、街、镇、工业区及村（居委会）等公共文化资源日常运行情况的调查、管理与考核；指导和组织全域"农家书屋"、电影放映点、电子阅览室等的建设、使用和管理人员的培训；三是负责全域艺术创作辅导师资资源、文化专管员及数字电影设备维修员的配送、委派；四是负责全区文化配送情况统计汇总工作以及管理和考核工作。

（五）市文化馆还要成为地方文化保护中心。一是承担文化艺术遗产搜集、整理、研究工作的责任，并形成地方特色文献信息库，进行传承发展，形成独具本地特色的公共文化服务；二是广泛开展优秀传统文化普及推广工作，组织好非遗传统文化进校园、进社区、进机关、进企业等活动；三是结合节庆活动组织开展文化遗产主题活动，开展展示展演、活动体验、培训指导、宣传推广等节日（庆）民俗活动等。

二、智库支撑：构建全域公共文化服务创新研究中心

市文化馆在全域公共文化服务中除了要成为服务协同中心，做好地区公共文化服务支持工作外，还需要成为服务创新研究中心，做好公共文化服务理

论研究工作，为未来苏州市公共文化服务中心服务体系发展提供源源不断的理论支撑。

（一）市文化馆统筹规划和指导全市文化馆（站）开展群众文化艺术需求调研与服务创新研究。文化馆要开通多条渠道，除利用传统渠道，如在公共文化设施内设立意见箱，公示热线电话等，也要利用新媒体，如在网站开设交流版块、设立微博、微信公众号等以便群众通过各种方式提供需求信息。同时，文化馆要进行主动收集群众需求，采取意见调查、专家咨询、群众座谈以及听证会等形式，定期或不定期地主动听取社会各界的需求信息。

（二）市文化馆组织公共文化服务创新理论研究和相关课题研究，为全域公共文化创新发展提供理论支撑。一是要组织全市创新研究课题的征集、发布、申报、评审、立项、管理、评估，推动服务创新理论的发展；二是开展文化馆（站）运行发展与服务创新的调研，总结提炼实践经验，指导创新实践，培育行业典型，推动全国文化馆（站）提高服务质量和服务效能；三是组织开展学术研讨活动，吸引专家、社会热心人士、群众代表共同参与，为服务创新研究献计献策，并编辑出版学术研究成果，发布行业发展信息，促进理论与学术成果的转化与传播。

（三）市文化馆要对服务创新项目进行培育和孵化，并进行后期的指导、总结和推广。首先在公共文化类创新项目提起申请后，承载提供孵化培育、能力建设、信息交流、成果展示、政策咨询、项目指导等一站式便捷化服务，着力培育和扶持社会急需、有发展潜力和符合群众需求的文化项目；其次，市文化馆要对地区文化体制机制创新和服务品牌活动创新进行前期的调研，在实施过程中进行理论和实践的指导，对创新实践和服务品牌活动创新的成果进行总结，若取得良好效果，则面向全市铺开。

（四）市文化馆要指导与协调全市文化馆（站）事业的发展，编制文化馆事业发展规划。制定全市文化馆服务标准和规范，编制文化馆（站）资源、项目、服务提供的指导目录，指导协调下辖各馆以及其他社会力量开展公共文化服务活动。

（五）市文化馆挖掘地方特色文化资源，传承地方优秀文化，创新服务内容。苏州市地方特色文化资源丰富，文化馆对其进行挖掘形成地方特色文献信息库，充分研究地区文化历史、自然地理、人文特色等因素，把最具特色、最有影响力的文化资源挖掘出来，培育成最具区域特色的文化精品。

（六）市文化馆要进行公共文化服务制度建设研究，以保障公共文化服务体系建设，在制度层面保障群众的文化利益。市文化馆构建服务创新研究中心要贯彻《公共文化服务保障法》的要求，加强对公共文化服务体系建设的若干重要制度研究，如基本公共文化服务标准制度、公共文化服务设施免费或优惠开放制度、公共文化服务公示制度、公众参与的公共文化服务设施使用效能考核评价制度、公共文化资金使用监督和公告制度、公共文化机构资产统计报告制度、公共文化机构开展服务情况的年报制度等。

（七）市文化馆要开展文化馆（站）人才队伍建设的理论研究、方法研究和教材编写等工作。一是通过调研走访地方文化馆（站），对苏州市的公共文化人才有一个初步的了解；二是构筑文化馆（站）的教学体系、课程体系，三是组织专家编写培训教材，为文化馆（站）培训人才提供流程模板，以为我国文化馆（站）人才队伍建设提供思想、学术、方法支撑。

（八）市文化馆可以接受国内外政府、社会团体或个人委托做研究。在增进学术交流的同时，以先进理论观念以及方法路径给委托单位或个人提供决策支撑。智库是有别于官方和民间的第三方队伍，它是文化馆组建的咨询机构。文化馆智库与普通咨询公司的本质区别在于咨询结果的专业性和公正性，以期更加全面、公正、准确的公布资讯结果。

（九）市文化馆要积极引进人才，为智库提供源源不断的活力。引进人才的选择，从地域来看，要包含本地人才和外地人才，有条件的文化馆还可以引进国外人才；从专业性来看，既要有从事文化行业的人员，也要有跨行业人员；从研究领域来看，既要有理论研究人才，又要有实践研究人员；同时，既要有从事政府工作的人才，也要有任职企事业的人才，更鼓励民间文化艺术者的参与。

（十）市文化馆要定期组织智库团队交流，既要让别家文化走进来，也要让自家文化走出去。通过经常和有效的宣传，智库的专业形象才能被广泛认可，智库的信誉才会不断提高，智库的客户才会慕名而来，智库的生存空间也会更广阔。与媒体交流，与网络交流，与国内的企业和广大受众交流，与国际上的同行和各种传播机构交流，以逐渐融入全球化的潮流中，与国际咨询业对话，努力树立自己的良好形象和公信力。

此外，市文化馆要注重智库内部的团队建设，这有助于智库提高工作效率、优化内部管理、调动内外资源，从而最终推动智库实现其组织目标——发挥影响力。市文化馆可以定期对人才进行工作调整，寻求人才配置最优化；同时，要组织团队活动、注重团队形象，激发成员的参与感与责任感，以达到智库发挥其影响力的效果。

三、群文创作：构建群众文化艺术创作辅导中心

繁荣群众文化艺术创作、丰富文化产品供给，是满足人民群众精神文化需求的保障条件，是文化事业和文化产业发展的重要基础，对于引领社会发展方向，提升公众文化艺术素养，具有极其重要的战略作用。因此，市文化馆要坚持以人民为中心的创作导向，扶持、引导群文创作，反映地方特色文化。

（一）辅导对象。文化馆群文创作辅导的面向对象有两类，一类是群文创作的骨干人员，本身已经具备一定的创作能力，并且可以辐射带动他人共同创作。培养出各显其能的优秀群文创作骨干，通过发挥典型示范作用，推动群文创作上新台阶。另一类是一般群众，虽然有进行文艺创作的热情，但是能力欠佳。通过对这类人群的扶持，提高其创作能力，培养成群文创作的骨干。针对不同类型的辅导对象，文化馆应该有针对性地采取合理的辅导方法。

（二）辅导主体。辅导工作在坚持以需求定师资的基础上，还要坚持师资来源社会化、多元化的原则。文化馆首先要通过调研了解群众感兴趣的创作内容，再以此为依据确定师资。文化馆内部的业务干部是师资的主要来源；除此之外，还可以聘请馆外、本区域外、甚至是国外的专家；最后，还可以广泛招募社会上具有特长的文化服务志愿者。

文化馆与这些教师签约，签约方式分为常驻和短期两种，并且要具体了解每个教师的擅长领域及招生要求等内容，在文化馆网站建立教师资源库供群众浏览和选择。

（三）辅导方法。根据需求确定，实现个性化、定制化服务。

（1）导师制与项目制。针对群文创作的骨干人员可以采取导师制与项目制结合的模式进行扶持。发挥名家引领带动作用，启动"名家传艺"计划，以项目支持的方式，每年重点支持一批文艺名家带徒传艺。文化馆需派遣项目负责小组统筹导师"带徒传艺"项目的全部事宜，包括被辅导对象与导师的选择与配对，项目目标、项目进程、管理和考核的制度制定与监督实施，以及项目资金的分配使用等事务。

首先是对象的确定与配对。由项目小组首先确定导师的范围，导师一般聘请各行业的资深专家。被辅导的群文骨干需要先进行网上申报，填写个人基本信息，上传个人作品。在经过线上初步评审之后，组织现场会演，专家线下评选。评选出被扶持的对象后，通过双向选择的方式来确定导师。导师确定后，文化馆需要对其下聘书，并在聘书上明确起止时间。

随后要制定辅导内容和方法。项目负责人和导师要根据导师自身情况和辅导对象的特点和水平制定个性化的项目方案，包括辅导目标，辅导内容，辅导项目的进程安排、实施计划，辅导频率等具体内容。

其次，项目小组要根据管理机制进行适度的干预。首先要根据先前制定的辅导目标和进程安排等内容对辅导项目的进展进行适度的检查、指导和协调，并提供资源支持，密切关注实施情况，及时发现问题，并综合各方原因督促改正。

最后，进行辅导效果评估。在辅导期满时，要对被辅导的群文骨干的创作能力和导师的教学情况进行评估，评估由项目小组组织实施，所有导师参与，采取导师与被辅导者互评、导师公开评价、项目小组实效鉴定的方式，以此来激励双方更好地完成辅导与学习。

（2）辅导员制和专家门诊制。

针对一般群众，可采取辅导员制和专家门诊制来扶持群文创作。

① 辅导员制度

文化辅导员是指具有一定文化专业技能，热心文化体育事业，自愿奉献时间和精力，为基层群众提供公益性、经常性文化艺术、体育技能服务，按照一定程序，在文化辅导员组织机构注册登记，参加文化服务活动的志愿人士。

首先文化馆要依托现有群众自发形成的活动场所、队伍和活动形式，在社区、农村等基层建立群众文化辅导点。其次需要大规模招募辅导员。群众文化辅导员要有一定的专业特长、创作能力和艺术水平，能够经常性地开展辅导活动，并且要具备志愿服务的精神。自愿申请为文化辅导员的，由文化馆进行资格审核，根据实际情况予以登记注册。随后，文化馆要对所有群众文化辅导员实行分类管理和动态管理，对长期不能参加群众文化辅导活动的人员予以劝退，对涌现出新的文化人才及时进行招募。完成群文辅导员的招募工作后，文化馆要有计划地定期派遣辅导员到基层辅导点开展培训，并且要提前做好宣传工作。

② 专家门诊制度

文化馆要成立专家工作室，由造诣精深的创作专家定期来工作室为广大文艺爱好者"接诊把脉"。专家门诊由文化馆负责排班，并提供诊室（专家工作室），诊室要按创作辅导的主题分门别类，要保证每个门诊室每天都有专家。文化馆需要把专家简介、主要负责辅导的内容、坐诊时间以及坐诊地点等信息公开发布，专家门诊的时间一般不得随意变动，如专家因故不能按时应诊，必须提前通知。

群众可以在网站上自主预约专家，预约挂号采取实名制，应诊时要携带有效证件。为了保证专家辅导的质量，需要对每个专家门诊每日的应诊人数和应诊时长实行控制，对预约挂号的公众，要告知会诊时间，避免其等候时间过长。群众需要取消预约时要提前提交申请，爽约超过一定次数者要取消其今后接受专家门诊辅导的资格。

文化馆要做好专家门诊的管理工作，记录专家的考勤，对前来应诊的群众做好身份确认，维护现场秩序等。

（四）保障机制。

首先是资金保障。文化馆可以创新资金投入方式，鼓励和引导社会力量参与文艺创作生产和公益性文化活动，逐步建立健全文艺创作生产资助体系，逐步增加现有文化艺术类项目资金数额，探索设立艺术基金，扶持群文创作的工作。

其次是政策保障。文化馆要进一步完善扶持群文创作的政策和制度，推动扶持工作的规范化。

最后是资源的保障。在市文化馆设立"创客空间"，提供群文创作的器材设备支持，如独立的创作空间、专业的录音棚、相关的器材设备等。此外为满足全市域的艺术创作需求，方便农村或偏远地区进行艺术创作，市文化馆要对器材设备进行统筹调度，如市文化馆配备流动服务车，将器材设备短期借调给县、乡文化馆（站）使用。

四、文创培育：构建地方文化众创服务中心

随着国务院《关于推进文化创意和设计服务与相关产业融合发展的若干意见》和《关于推动文化文物单位文化创意产品开发的若干意见》的发布，文创培育成为文化馆传播文明、传承传统文化、实现全民艺术普及的又一重要举措。文创培育，就要充分鼓励、支持群众发挥自己的文化艺术创造力，并通过文化馆提供文创空间、平台，并给予必要的帮助和指导，来鼓励群众创作、展示和分享自己的原创文化艺术作品。

苏州文化馆以馆藏特色资源和本市历史资源为基础，与老百姓日常生活风俗、地方优秀传统文化相结合，有计划、合理、高效地开展多层次的文创培育。

（一）开展面向群众的基础性文创培育扶持。作为历史文化名城的苏州，其文化馆在充分发扬自身全民艺术普及的职能定位基础上，更要充分挖掘本市优秀传统文化，并转化成适应现代文化消费的多种载体（形式）的产品，推动优秀传统文化传承与传播，满足群众多样化文化消费需求。

（二）开展面向更高水平的非遗文化文创培育扶持。以桃花坞年画、轧神仙庙会、苏州评弹（苏州评话、苏州弹词）、江南丝竹、吴歌、苏剧、苏绣、宋锦织造技艺等为典型代表的苏州市非物质文化遗产的文创培育活动，将得到更大程度的扶持。

无论是面向群众、基础性的还是面向更高水平的文创培育，都应该从以下几个方面开展工作。

（1）动员社会力量参与。由文化馆牵头、吸引更多有社会责任感的企业、机构、组织等社会力量来参与组建文化馆领导下的文化创意培育基金，探索积极合理的社会资金投入制度，形成多渠道投入机制。文化馆方面提供场地和设施，社会力量提供资金和技术，加大文化创意产品研发力度，并通过文化馆这一优质平台将所开发的文创产品向外界展示和推广。同时，还应重点关注"众筹"模式，文化馆鼓励创作团队将项目放在文化馆数字平台上进行推广，这在丰富文化馆数字文化资源的同时，文创团队亦可借助文化馆的优质平台得到更多社会关注，加快"众筹"的步伐。

（2）强化人才队伍建设。着力加大对创新型、紧缺型、高层次文化产业人才的扶持力度，鼓励带资金、带技术、带项目的文化团队的引进，同时尝试与国内外著名高校和培训组织开展文创产业人才培训，努力实现人才与产业的良性互动。打造文化创意人才相互交流、碰撞的平台，激发创意人才创造文化产品的激情和动力。

（3）加强文化资源开放和共享，推进各级文化馆（站）和社会机构各类文化资源的数字化进程，形成资源标准统一、明确可供开发资源；支持数字文化、文化信息资源库建设，用好各类已有文化资源共建共享平台，面向社会提供知识产权许可服务，促进文化资源社会共享和深度发掘利用。

（4）支持文化资源与创意设计、旅游等相关产业跨界深度融合，以文化提升旅游的内涵质量，以旅游扩大文化的传播消费。推动文化资源向旅游产品升级转化，打造一批叫得响、有特色、有影响的文化旅游精品。以苏州核心文化元素打造一批文化旅游精品项目；借助苏州手工艺与民间艺术之都的称号，开发以苏绣、核雕等传统手工艺为主的手工体验项目；开发评弹、昆曲、苏剧等苏州民俗文化演艺产品。鼓励重点旅游景区（点）与专业艺术院团合作，打造标志性的文化演艺产品和一批专场剧目；鼓励创作具有苏州地方特色、水土风情、文化品位的旅游商品和纪念品，支持桃花坞木版年画、宋锦等传统旅游消费品创意创新。

构建地方文化众创服务中心，开发文化创意产品，不仅能够推动苏州非物质文化遗产保护和文化发展，还可以扩大就业、促进社会进步。

五、数字平台：构建社会文化活动技术支撑中心

以"互联网＋文化活动"一站式平台建设为基础，对全市域内各类公共文化机构、相关文化单位、社会机构等举办的文化活动、信息资讯等提供线上线下服务支撑，旨在以技术服务平台支撑全市文化活动，实现共建共享、互联互通。

（一）全市域文化活动支持。首先，面向全市举办的各类群众文化活动组织提供线上线下支持，如网络歌手大赛、名人名篇诵读等。一是充分发挥网络的互动性特点，实现服务供给式与预约式相结合。市民通过数字平台预约服务，政府进行配送，实现以群众需求为导向展开群众文化活动；二是以移动终端为重点，实现活动提供单向式与交互式相结合。市民可直接利用手机通过微信分享、微博转发、留言评论实现线上的互动交流；三是以实体体验为切入，实现虚拟化与实体化相结合，应用数字体验厅、数字手段全景式展现本土特色文化场景，为用户营造身临其境的视听感受。

其次，根据服务产生的数据、信息，结合大数据对文化服务的发展预测、趋势分析、热点分析，提供文化活动绩效分析报告，继而根据活动绩效分析报告结果，针对性的改进活动或推出群众喜爱的服务或产品。

最后，可以建立文化活动需求反馈征询评价机制，提供互联网络平台和移动服务平台，在互动板块增加点评版块，既可以增强观众和活动举办者的交流，也方便群众提交意见和建议，督促文化馆对活动的改进和完善。

（二）地方性文化活动支持。支持市、区（市）、镇（街）、村（社区）以

及各类社会机构举办的群众文化活动，提供线下线上服务支持。全市域的文化活动支持侧重群众文化需求的满足，而地方性文化活动支持则是为了满足活动举办方的需求。

各文化馆（站）和文化类社会组织都可在平台上注册为成员馆，市文化馆则成为资源调度中心。而群众文化活动的策划、设计、宣传、组织、评价均通过网络化运作。如活动主办方可通过平台负责前期活动宣传，参与群众也可以通过平台预约场地训练、彩排，活动全程由平台播出，群众观看的同时即可进行评价，实施评判活动效果。

（三）区域性文化联动。传统的文化馆之间存在着封闭的特征，东中西部、同省的不同区域之间都存在着不均等的文化服务。而随着互联网的开放、合作、共享理念的普及和技术的发展，将打破原有的地区条块分割的状况，充分发挥互联网传播的实时化、互动化来实现地区间公共文化均等化。其途径即建立区域性、综合性的一站式服务平台，提供线下线上服务支持。

一是利用数字平台预约服务，线下配送。在数字平台上链接其他地区分站，使得大众可以在一个网站上浏览到不同区域所有的公共文化服务产品、项目，真正实现文化资源的共建和文化产品的共享。

二是利用数字平台，跨区域联合举办活动。利用不同区域共同的文化特质，以同一主题在两地分别开展活动，并建立互动交流区以实时了解两地活动动态，以提高群众关注度和参与度。

六、慕课建设：构建全民艺术普及教育中心

慕课（MOOC）是由主讲教师负责的，通过互联网开放支持大规模人群参与的，以讲课短视频、作业练习、小测试、论坛活动、通告邮件、考试等要素交织的，有一定时长的教学过程。因其互联网、大规模人群参与、便捷的师生交流、完善的教学管理等特点，扩大了服务对象和服务范围，不仅包括本地区人群，还可以辐射至全国乃至全世界；慕课建设不仅为文化馆带来了一种新的资源类型，也将带来文化馆（站）培训、辅导业务工作方式的变革。

市文化馆负责全市艺术普及网络教育，开展慕课建设。一方面要构建慕课课程建设的流程；另一方面也要做好对学习者的教学管理。

（一）课程建设。

（1）课程选题。慕课课程要具备自己的主题，苏州文化馆在选题时，首要是应该选择能够发挥地方特色传统文化的主题，如粉画、吴歌、吴门古琴等，继而全面铺开；其次是充分了解文化馆业务团队慕课建设的水平及学习者的层次、基础，以决定课程内容、难度；最后由慕课教师团队的判断选题的意义、价值。

（2）教学准备。首先组建教学团队，以文化馆业务干部为主，可适当吸收志愿者担任助教、技术辅助人员；其次是对教学目标分析，包括学习者分析、学习内容分析和知识点划分；再次是审定课程，教学团队在开设课程前制作宣传视频和课程初样供审定，以决定是否开设课程并提出改进意见。最后是准备教学材料，慕课要分单元、片段并系统性地完整展现一门课程的全部内容，除视频外，至少还需要课程简介、课程大纲、讲义、小测试、作业练习、考试试卷、讨论话题、证书等内容。

（3）视频制作。视频制作分为视频录制与合成，其中每段教学单元最好在十分钟内完成；视频录制可选择社会化的方式实现，即苏州文化馆委托专业化公司负责，但从招标到视频上线都需要其进行监管；合成则包括课件内容的合成及技术合成。

（4）课程发布。慕课制作完成后，即可以在所选择的慕课平台上进行发布。市文化馆可以选择合作的方式，即与第三方技术公司合作，市文化馆负责设计规划平台各模块功能需求及平台日常运营，第三方技术公司则负责提供整体IT解决方案和平台上线、测试及维护。

（二）教学管理。慕课与一般短视频、公开课的不同之处之一，在与它是一种教学过程。慕课不在于只"教"，而在于"教与学"的结合，因而学习者从注册慕课开始，教学团队即需要对其管理并进行频繁的互动与交流，教学管理主要表现在日常教学管理和证书制度上。

（1）日常教学管理，主要体现于作业练习、小测验、考试、课程论坛等环节中，体现为一种教学的过程管理。如限制留置作业和小测验的提交次数和截止时间；规定课程考试的时间区间及考试时长；设置作业练习以及考试的分数标准及权重；老师可以在课程论坛上发布课程有关事宜的通告，引导学生有针对性地讨论发言。这些教学管理行为都会直接影响着学习者的学习热情及最终成绩。

（2）证书制度。是对群众在线学习情况进行认证。一是慕课课程成绩由在线学习过程、作业完成、互动交流、测验成绩等组成。课程学习合格者进行网上认证、颁发证书。二是市文化馆建立全民艺术普及慕课课程学习制度。建立分类分级学习制度，为每位市民定制相关课程，建立电子档案，跟踪学习进程。学习特别优秀者给予荣誉激励，并优先吸纳进入全市文化志愿服务队伍，给予更多展示展演机会。

作为网络环境下的一种重要学习模式，艺术慕课既有利于普通市民分享优质学习资源，促进信息公平、个性化自主学习，又有利于群众开展文化活动、丰富群众文化生活、实现全民艺术普及。

七、"文化馆+"：构建城市新型社会交往中心

苏州是文化大市，市文化馆拥有丰富的地方文化资源。市文化馆与社会设施协同，在社会设施中添加文化馆元素或在文化馆中添加社会元素，构建"文化馆+"形式，聚焦青年人群体，以苏州文化元素激活各类设施活力，构建无所不在的城市新型文化艺术社交场所。

（一）环境营造。推动苏州优秀文化资源与城市建设紧密结合，更多融入、嵌入公共空间、公共设施、公共艺术的规划设计，丰富城市文化内涵，优化社区人文环境，彰显历史文化名城底蕴厚重、时代特色鲜明、文化气息浓郁的人文空间。

首先，对于公共设施。一是营造文化氛围，利用车站、码头、机场、交通站点、户外大屏、公园、文化创意园区、广场绿地和居住集聚区等公共空间资源，进行苏州文化元素装饰的同时进行现代革新，以符合青年群体喜好，如

利用涂鸦绘制文化墙。二是打造公共文化空间，举办文化活动，如在公共绿地举办音乐会，在公园广场、地铁站公共空间举办音乐节、展览，利用公交车站建设文化艺术长廊等。

其次，除公共设施外，政府还可汇聚社会力量，规定占地面积较大的非公共设施项目，如政府建设项目、工业企业园区、居民小区等，拿出项目建设投资总额部分资金用于公共文化艺术建设。一是用于公共文化艺术设施建设，如文化公园、露天表演舞台等；二是用于文化艺术项目资金支持，鼓励艺术家创作公共艺术作品，如壁画、马赛克、雕塑、建筑设计等。

（二）设施空间。青年人的生活节奏快，工作忙碌，很少有时间可以到文化馆、图书馆、博物馆等场所参与公共文化服务。因此，市文化馆要积极同商场、咖啡店、银行、茶店、书店、民宿、青年公寓等与百姓日常生活密切的社会设施合作（或者加盟方式），拓展文化馆实际服务空间。

一是利用社会设施的分散性提供便民服务。市文化馆免费为咖啡店、书店、茶店等社会设施提供统一的苏州文化元素装饰，定期在此发布文化活动、培训课程信息；而群众看到感兴趣的活动信息，即可在上述社会设施就近领取活动入场券。

二是利用社会设施的空间开展主题性活动。如利用民宿、青年公寓的活动开展文化沙龙、鉴赏等小众交流活动；利用咖啡店、茶店开展咖啡制作、茶艺等体验式活动；利用商场的公共区域开展艺术展览、创意市集等人流量较大的活动。

激活社会设施，更大程度地利用社会设施，凝聚社会力量，为城市居民提供文化气息浓郁的社会交往第三空间，既能注重市民的需求，又能促进社会生态环境和文化馆资源相融合，创新文化交流环境，激发社区文化活力。

（三）青年服务。文化馆构建聚焦青年群体的文化艺术社交场所，应当关注其个性化需求，开展分众服务，即面向不同兴趣爱好的人群开展针对性的服务。

一是针对青年人的主题性、特色化活动。文化沙龙、主题展览、创意市集。将具有同类兴趣的青年群体聚集在一起，相互交流。

二是文化馆还可以将活动主办权交给年轻人自身，文化馆提供活动场地和设备支持,从而以青年群体为中心开展个性化、多样化的服务。

三是服务方式方面,应结合网络媒体以及新媒体的形式,以青年人惯用的参与方式设计组织文化艺术活动,线上线下同时互动,增加参与者的黏着性。

八、伙伴计划:构建文化类社会组织孵化中心

公共文化服务社会化发展格局的形成,一个不可或缺的前提条件是文化类社会组织的生长,这也是目前公共文化领域的短板。如果没有文化类社会组织,就谈不上参与,如果没有足量的文化类社会组织参与,就谈不上充分竞争,也就不能充分激发公共文化社会化全部潜在动力。

国际经验表明,文化类社会组织在文化治理体系中可以发挥"第三部门"的作用,它与政府、市场所承担的公共文化服务职能相辅相成,在资源动员、服务提供、活动实施、运营管理等方面具有专业化的能力和独特的作用,是政府以社会化机制和方式提供公共文化服务的主要依靠力量之一。

因此,当前迫在眉睫的工作,就是政府和公共文化机构必须投入相当多的精力,大力培育发展文化类社会组织。市文化馆作为全市域文化类社会组织的"中心馆",理应承担起相应职能,孵化、培育一批信得过、用得上、靠得住、打的响的文化类社会组织,成为名副其实的"中心馆"。

(一)文化类社会组织的来源。

(1)在全市文化活动中,发现一批群众性组织,择优培育。例如,近两年由市文化馆主导开展的"网络歌手""经典诵读"等全市性群众文化活动中,以及社区组织自发性群众文化活动中,如广场舞,涌现出一大批优秀群众业余团队,可以对其组织化形态、培训指导、进行适当的专业化能力提升,即可为群众活动提供服务。

(2)根据市文化馆功能定位和业务发展需要,以政府购买等方式,引入一批较为成熟的社会组织,既包括依法在工商管理或行业主管部门登记成立的企业、机构等社会力量,也包括依法在登记管理部门登记或经国务院批准免予登记的社会组织和符合条件的事业单位。指导其建立健全内部治理结构,完善财

务、资产、人员、绩效的管理和评估制度，形成良好的服务信誉，依法依规承接、提供公共文化服务。

（3）依托市文化馆众创空间，支持大众创业、万众创新，打造社会组织孵化中心，按照"政府扶持、民间运作、专业管理、三方受益"的运作模式和"文化馆＋高校＋专业社会组织＋基地"的孵化模式，针对具体需要孵化一批专门化的文化类社会组织，自主培育，开辟资金来源渠道，培育造血机制，夯实文化类社会组织提升服务能力、持续发展的基础。

（二）文化类社会组织的培育。文化类社会组织的培育方式主要有以下几种。

（1）场地保障。在文化馆内开辟空间，为培育的文化类社会组织免费提供办公场地和活动举办场地，并提供办公设备和舞台、道具、灯光等设施，为其提供全方位的后勤保障服务。服务场地实行申请制，并对文化类社会组织培育完成后的组织运营状况进行定期检查，对结果优秀的组织予以租期延长的奖励。

（2）资金提供。首先，设立扶持文化类社会组织发展专项资金，为社会组织发展提供资金支持。市文化馆应将培育扶持社会组织发展资金纳入部门年度预算；其次，对依法办会、成效突出的社会组织申报扶持资金时给予优先考虑，并在对其后续组织成效考察优秀的社会组织给予追加资金作为奖励支持。最后，要建立竞赛奖励机制，对孵化后的社会组织的组织运营状况进行成效评比，成效突出的社会组织予以资金奖励。

（3）培训辅导。文化馆与高校、专业机构等进行战略合作，引入专家资源，从社会组织培训机制建立、社会组织内部建设、项目管理等方面开展高层次培训服务。根据不同专业需求，分类开展培训辅导，针对社会组织负责人、从业人员、新入职人员等不同人群特点进行相应辅导。

（4）评估认证。采取社会组织自评、第三方评估机构评审、文化馆审核终评相结合的方法，对社会组织进行资质、等级认证，并向社会公开发布。级别高的社会组织可获得一定激励，如优先接受政府购买服务，承接项目、享受资金补贴等。

（5）搭建平台。首先是搭建社会组织交流平台，建立合作交流机制，架起社会组织与社会组织之间，以及与政府、企业和社会各界间的桥梁和纽带；其次是搭建推广展示平台，为认证合格的社会组织进行宣传推广，推荐承接政府的部分公共文化服务职能，并制作文化类社会组织推广名录。

（三）文化类社会组织的管理。文化类社会组织是数量庞大、生动鲜活的社会文化资源，是公共文化资源的有机组成部分，应纳入现代公共文化服务体系、在百姓日常文化生活中"活起来"，实现共建共享。

（1）建立文化类社会组织数据库和统一平台，纳入政府向社会力量采购公共文化服务范围和名单，政府发布需求，由社会组织竞争购买，提交项目申请书，经审核评估后确定购买主体。

（2）文化类社会组织承接公共文化服务后，也要进行实时活动效果监管，可由"第三方"进行，即直接相关的居民及社会第三方专业机构。

（3）对社会组织承接公共文化服务效果，要交由公众、第三方机构进行评估。评估效果好的社会组织以后可优先承接服务，评估效果差的社会组织则进入"黑名单"。

九、志愿服务：构建市民文化艺术素养提升中心

随着文化强国战略的实施，公众参与、创造、享受文化的意识逐渐加强。为了满足公众不断增长的文化需求，提高全民族的文化艺术素养，单靠公共性文化机构的从业人员是远远不够的，必须有更多的人参与其中，文化志愿者便是公共文化服务队伍最好的补充力量。此外，由于人们对志愿精神的推崇以及先进事迹的传播为从事志愿服务营造了氛围，志愿服务成为个人丰富自己、实现人生价值的重要途径，文化志愿者更可以借助志愿服务提高自身的文化艺术素养。因此志愿服务这一市民文化艺术素养提升中心，是文化馆需要构建的任务之一。

市文化馆需要的文化志愿者有三种类型，分别是专家型、专业型和辅助型。

（1）专家型志愿者。主要指行业专家、优秀运动员等具有高端专业知识能力人士参加文化馆志愿服务，进行文化普及或提供高端文化服务。

通过"结对子、种文化"和"教、学、帮、带"等形式创新文化志愿服务模式，定期邀请专家学者、知名艺术家、优秀运动员、专业艺术院团到文化馆、到社区、进学校、下基层，进行专业辅导和培训，开展辅导交流活动，普及科学文化知识。

此外，专家型文化志愿者还可以提供其他文化志愿者不可替代的志愿服务，如专业文献翻译、专业研究等。通过专家型文化志愿者的志愿服务，市文化馆可以进一步提高文化服务的专业水准，给有需求的市民提供高端文化服务。

（2）专业型志愿者。专业型文化志愿者是指拥有文化相关的一技之长的专业人士，通过他们参与文创开发、藏品登记、陈列展览等，文化馆可以给市民提供专业性服务。

市文化馆可号召本市具有文艺专业知识素养或技术能力的人士志愿参与文化馆相关文艺服务工作。例如开展文艺辅导课程，让市民享受到系统性的专业文艺辅导；文化场所开展艺术展览等活动时，可邀请专业型文化志愿者进行专业讲解等服务。由此，一方面为市民提供专业水平的辅导服务，另一方面也可以适当提高参加志愿活动的专业人士在当地的知名度等。

（3）辅助型志愿者。主要是由学生或其他社会群体在行政运行、信息咨询、环境秩序维护等方面提供辅助性的志愿服务。市文化馆要吸引大中专院校学生或社会热心人士加入文化志愿者的队伍，提高文化活动的服务效率并带动全民参与公共文化服务的积极性。

发掘潜在学生文化志愿者。苏州市文化馆可以与当地高校合作，让在校的学生利用课余以及假期时间参与到文化志愿服务当中，这在丰富学生的课余活动同时，还可以提高学生的文化素养，进而提升公共文化服务体系的建设。

号召市民参与文化志愿服务。一方面在对文化志愿者培训的过程中可以提高其文化素质、丰富生活品质，另一方面有助于促成公共文化服务成为全民性行动，深入推动全民文艺普及。

除此之外，市文化馆要在市民文艺素养提升志愿服务工程基础上，进一步推动文化志愿服务制度建设及制度保障，完善文化志愿服务长效工作机制和活动运行机制，健全志愿者招募培训和注册管理制度，完善志愿者星级认定、嘉许制度和志愿服务回馈制度，提高资金保障、扩大志愿者宣传推广，探索建立中国特色的文化志愿服务制度。

（1）完善文化志愿者招募和注册制度。建立文化志愿服务平台，集注册申请、项目发布、志愿者招募、风采展示、活动交流等多项功能于一体；文化志愿者还可以在此平台，进行个人管理和接受远程培训等。

（2）建立文化志愿者培训与管理制度。为文化志愿者举办多元化志愿工作持续培训课程，提升志愿者的知识及服务技能；为各界志愿者、志愿者团体和志愿者管理机构度身设计有效及适切的培训计划；开发志愿者领袖和志愿者管理训练项目，培训志愿者专才，推动本地志愿工作的专业发展；提供志愿工作的顾问服务、参考资料、会议及培训设施等。

（3）实施文化志愿者星级认定和嘉许制度。主要是为了表扬志愿者为公共文化服务所做的贡献，以志愿者在每年内累积的服务时长作为嘉许准则，可依次认定为一到五星级。继而文化馆要对经过星级认定的志愿者进行一定的服务回馈，以激励志愿者的积极性。志愿者可凭借自己的志愿服务星级在就学、就业、就医等方面享受优惠或优待，或与企业合作，享受购物折扣优惠等。

（4）资金保障。可以将文化志愿服务各项工作经费纳入经费预算保障，为大型文化志愿服务活动和重点项目提供资金支持；也可以多元化筹集资金，接受社会和个人捐款，或自办实体创收。

（5）加强宣传。充分利用报纸、广播电台、电视台、网络等新闻媒体，宣传文化志愿服务活动工作动态及成效，先进典型、鲜活事例，弘扬志愿服务精神；利用名人效应，主动邀请公众人物参加文化志愿服务活动，请他们为文化志愿服务代言，担任文化志愿者明星大使，为文化志愿服务做宣传；要大力宣传社会名人参与文化志愿活动的事迹，一方面让人们看到社会名人健康积极的正能量，维护好社会名人的良好形象，另一方面可以让文化志愿服务通过社会名人的参与得到更多的支持和参与。

十、文化交流：构建民间文化交流服务中心

文化交流包含"走出去"和"引进来"，中国在多年的文化交流中，多吸收外来文化，而传统文化却输出不多。但是，为了不断提高中华文化的国际竞争力和影响力，文化交流应当加快"走出去"的步伐，改造落后文化，传播优秀文化。因而市文化馆要组建民间文化服务平台，建立文化传播长效机制、开辟对外交流渠道，设置常态化和短期文化交流项目。

（一）国际文化传播。面对长期以来文化交流"倒灌"现象，市文化馆要充分利用苏州本地丰富的文化资源，如苏剧、吴歌、粉画、桃花坞木版年画等，打通民间文化交流渠道，提高苏州地方优秀传统文化在国际上的影响力。

（1）构建合作交流机制。一是可以和海外文化机构，如图书馆、美术馆、博物馆等，成为友好合作机构，签订长期合作协议；二是可以借助苏州市的姐妹城市或友好城市，从机构合作拓展到城市合作，充分利用城市公共文化空间；三是借助国际性的城市评选项目与其他城市建立合作，如苏州在2014年成为全球创意城市、民间手工艺之都，可与其他全球创意城市进行文化交流。

（2）集中展示与常态化相结合。一是利用中国驻海外文化机构，如海外中国文化中心、孔子学院等，海外友好文化合作机构，借助其资源空间开展常态化文化传播项目，包括静态的展览、宣传片展示和动态的演出、主题性论坛等；二是借助中国传统节日在友好城市举办文化节互动，从"吃穿住行玩"等各个角度生活化集中展示苏州传统文化，从环境氛围塑造入手，以手工艺体验、文化表演、民俗展示、美食赏鉴等方式让外国人深入感受苏州传统文化。

（3）以文化产品输出为重点。长期以来，国外的影视产品、书籍对国内文化造成了深刻影响，苏州市文化馆应以文化产品来蕴含传统文化，对外输出，塑造文化价值符号。一是出版书籍、杂志，与友好合作机构和友好合作城市互换；二是开发文化衍生品，推出具有苏州独特文化内涵的文创产品，如书签、记事本、水杯、装饰物等，在艺术节上当作纪念品、小奖品派送或者是推广到

国外市场售卖；三是制作具有地方特色的数字文化资源产品，并以外国人能理解的方式演绎，输出苏州地方传统，如文化宣传片或动漫影视作品。可推送给友好合作机构，也可投放到国外主流媒体、视频网站等。

（4）以人员交流为促进和带动。一是建立馆员互派制度，与有关合作机构签订合作协议，本馆优秀馆员外派到国外文化机构，或担任文化展览讲解员，或组织策划文化活动；二是高层访问，积极参与高层次国际美术馆、博物馆、艺术馆等机构交流合作与对话或国际会议论坛，以人为纽带建立各个国家之间的联系，从而进行文化传播。

（二）国内联动推广。市文化馆向全国推广本地传统文化，可采取渐进制。先以太湖流域、长江流域为纽带，联手江浙沪皖赣鄂湘渝等省市示范区城市，进行跨区域文化联动，继而向全国范围传播。通过建立民间文化交流平台，合作互补、协同发展。通过编制专题发展规划，发挥示范区的辐射作用，放大示范效应，促进省际乃至国内民间文化交流全面合作、深度交流、整体提高。

（1）以文化合作长效交流机制为桥梁，与其他地区联手共建新型合作组织——公共文化联盟。市文化馆负责在资源、技术、人员、设施等多方面为成员市提供服务和支持，以联盟为基础传播地方优秀文化。如开展各省市地方传统文化资源联合征集、地方传统文化特色数据库建设；为联盟提供技术支持，建设数字服务平台；组织开展面向基层文化馆从业人员的职业道德与专业知识技能联合培训，开展各地文化馆调研与业务辅导。

（2）以文化主题活动为纽带，突出跨区域系列特色活动互补性。坚持文化效益的最大融合，遵循社会主义文化的特点和规律，适应社会主义市场经济发展的要求。首先可以在合作地区举办文化节，集中展示地方特色文化活动；其次是制作包含地方传统文化特色的主体性文化产品；最后是文化活动输出，将苏州市文化馆举办过的文化活动总结成为活动模板，供合作省市文化馆利用，以达到文化推广的目的，如借助品苏——苏州名人名篇网络诵读大赛、网络歌手大赛等主题活动，

（3）借助文化旅游相融合传播地方优秀传统文化。苏州市有丰富的地方特色文化资源和区域自然禀赋资源，首先是在旅游景点深度渗透地方传统文

化元素，如苏绣、桃花坞木版年画、粉画等；其次是在旅游景点进行讲解时，穿插地方传统文化；再次可以在旅游景点安排文化活动，如表演和展览，使旅游者深入参与进来；最后是可以将本地公共文化机构开发为特色免费景点，如博物馆、美术馆、科技馆等，利用本馆文化资源传播地方传统文化，实现文化与旅游相融合，可以将旅游者"请进来"实地感受苏州文化氛围，实现本地文化输出。

第七章
推进苏州文化馆总分馆服务体系建设的保障措施

推进文化馆总分馆服务体系建设，是现代公共文化服务建设的重要任务，对于有效整合公共文化资源、提高公共文化服务效能、促进优质资源向基层倾斜和延伸具有重要的推动作用。需要充分发挥政府的统筹规划、组织推进作用，深化体制机制改革，完善配套措施，鼓励社会参与，确保有序推进。

一、体制保障

积极贯彻落实党的十八届三中全会精神，推进文化事业单位建立法人治理结构，是转变政府职能、创新事业单位体制的重要内容，是实现政事分开、管办分离的重要途径，是扩大决策和监督参与范围、确保公益目标实现的有效方式，是激发事业单位内部活力、提高运行效率的实现机制。

（一）建立市文化馆理事会制度

明确市文化馆的功能定位，建立《文化馆章程》，着眼于全市文化馆服务体系构建，公开遴选、推举理事，由代表多方利益、声誉卓著的社会人士、专业人士、企业人士，及职工代表、政府代表等共同组成，旨在实现政府管办分离，激发文化馆活力，适应全社会参与。

理事会是文化馆的决策机构，理事会一般由9—13人组成，须体现共同治理、外部人占多数的基本原则。具体而言，由文化馆的举办部门、政府相关部门、文化馆代表、服务对象代表和其他有关方面的代表组成。其中，举办部门、政府相关部门的代表实行委派制，服务对象和其他有关方面的代表实行推选制，文化馆负责人是当然理事。理事长原则上由举办部门的代表出任，也可由社会人士担任。理事会的主要职责是负责本单位的发展规划、财务预决算、重大业务、章程拟定和修订等决策事项，按照有关规定履行人事管理方面的职责，并监督本单位的运行。理事会可以聘请社会专业人士成立咨询委员会和各类专业委员会，为理事会决策提供专业咨询和管理咨询服务。

待条件成熟后，理事会可注册成为独立法人单位，进行实体化运作。

（二）建立市文化馆监事会

法人治理结构的基本原理是决策、执行、监督三权相对独立又相互促进，体现在组织架构上，就是搭建理事会、管理层和监事会，形成分权制衡的权力分配机制。现有的各地探索建立公共文化机构法人治理结构实践中，通常采取决策监督合一的方式，只设立理事会，理事会既行使决策职能，又开展监督工作，在一定程度上降低了运行成本。但是，建立法人治理结构是为了促进公共文化机构的良性发展，理事会单独行使决策监督权，而其本身决策难以被监督。

因此，市文化馆应当设立独立的监事会，由举办单位委派成员。监事会对理事会和管理层的工作进行监督检查，以确保理事会决策始终贯彻正确的政治方向、推进国有资产保值增值、保障广大职工切身利益。

（三）组建市文化馆专业管理团队

管理层是理事会的执行机构，由公益性文化事业单位行政负责人和主要管理人员构成。馆长由理事会任命或提名。管理层对理事会负责，主要职责是按照理事会的决策，独立自主地行使日常业务管理权、财务资产管理权和工作人员管理权。

着眼于文化馆的未来发展，既适应市场化运作，懂市场经济、资本运作；又保障公益性提供，推动公共文化服务向优质服务转变，实现标准化和个性化服务的有机统一。因此，在建立法人治理结构过程中，应建立制度化的对管理层人员专业化水平的基本要求，从而形成人事管理制度改革的重大突破。例如，聘请职业经理人组建专业管理团队，负责文化馆运营管理，以提高工作效率，提升服务效能。

（四）建立市文化馆事业发展基金

资金来源多渠道是文化馆社会化、品质化发展的必然要求。文化馆基本服务的正常开展，需要依靠市级财政"兜底"支持，纳入经常性预算，以保证业务活动的持续性、长效性。另一方面，文化馆服务的创新拓展、服务品质提升，也需要大量资金支持，这就需要引导社会个人、企事业单位、组织机构等捐助资金，作为财政投入的有益补充。

因此，建立市文化馆事业发展基金，可由市财政出资设立种子基金，多方动员、接受社会支持、赞助（社会资金募集），拓宽经费来源。基金应设立专门账户，可委托银行代为保管，实现基金的保值增值，但运作使用须公开、透明，接受内外部审计、上级机构监管、社会舆论监督。募集资金主要用于文化馆服务，也可用于开展公益资助项目。此外，基金会募集资金应与上级财政拨款相对独立。财政拨款要按照上级部门制度规范，继续用于文化馆各项工作需求，支持文化馆运营，推进博物馆发展。

二、工作保障

（一）组织领导保障

各级党委、政府和政府文化部门，按照中央《关于加快构建现代公共文化服务体系建设的意见》，立足于保障人民群众基本文化权益和满足人民群众基本文化需求，把推进文化馆服务体系建设摆在重要位置，加快建立统一部署、分类推进、明确分工、各负其责，吸引各种社会力量积极参与的工作机制。按照新出台的《公共文化服务保障法》的要求，各级政府要建立公共文化服务综合协调机制，推动实现公共文化资源的共建共享。并规定国家采取政府购买服务等措施，支持公民、法人和其他组织参与提供公共文化服务。

（二）财政资金保障

结合各级政府基本公共文化服务支出责任的合理划分，抓紧安排、落实文化馆服务体系建设工作开展所必需的资金、技术、人员保障，确保顺利推进。扩大支持市文化馆十大"特色中心"建设，加大对市文化馆技术装备更新和系统升级、特色资源数据库建设、数字化服务创新、远程和流动服务开展等的支持。鼓励市文化馆和地方文化馆（站）设立"繁荣群众文艺专项资金"和"群众文艺创作基金"，扶持重点作品创作，资助开展重大群众文化活动等。用好文化馆事业发展基金会等各类专项资金和艺术基金，资助优秀群众文艺作品创作和传播。

（三）政策制度保障

将文化馆服务体系建设列入示范区建设后续规划，纳入苏州市经济社会发展规划与文化专项。完善政府向社会力量购买公共文化服务的制度，在用于公共文化服务的土地划拨、地方税收、水电费用收取等方面给予统筹优惠。运用政府采购、项目补贴、贷款贴息、税收减免等措施，鼓励和引导各类业余文艺社团、民营剧团、文化类社会组织积极参与公共文化服务工作。

（四）人才保障建设

为保障苏州文化馆服务体系建设的集创作培训组织才能集一体的复合型人才需要，文化馆需采取一系列的保障措施。首先树立以人为本、强化服务、科学评价等人才保障建设的全新理念；其次是建立系统的人才培养计划，制定相应的人才培养措施，提高人力资源管理能力；再次是完善人才管理制度，完善人才入口管理、人才配置管理，建立灵活的报酬管理，以及完善绩效考核制度；最后制定采用志愿者补充公共文化服务人才保障的措施，招募社会优秀人才加入志愿者行列，并建立志愿者激励体系，针对优秀志愿者提供制度激励、精神激励、物质激励等多项激励措施。

下 篇
创新集成

苏州市文化馆是文化部命名的国家一级文化馆，2011年7月，经省、市机构编制委员会办公室（编办）批复同意，与苏州市美术馆、名人馆、吴作人艺术馆、颜文樑纪念馆、苏州版画院和杭鸣时粉画艺术馆等机构，整合而成苏州市公共文化中心。

自成立以来，苏州市公共文化中心除了做好自身的阵地服务之外，不断加强苏州市公共文化资源整合、促进优质资源向基层延伸、推进市域公共文化资源共建共享和服务效能提升。

未来，苏州市公共文化中心（文化馆）将根据制度设计中确立的文化馆十大中心功能——公共文化服务协同中心、公共文化服务创新研究中心、群众文化艺术创作辅导中心、文化众创服务中心、社会文化活动技术支撑中心、全民艺术普及教育中心、城市新型社会交往中心、文化类社会组织孵化中心、市民文化艺术素养提升中心、民间文化交流服务中心，凝聚方向、形成合力、开拓发展。

目前，苏州市公共文化中心（文化馆）已经着手开展探索围绕十大中心功能的各类特色服务及活动。经过一段时间后，有些服务及活动经筛选被保留了下来。在此我们以特色项目形式加以呈现，在一定程度上反映了苏州市文化馆公共服务体系建设取得的阶段性成绩。

特色项目1
桃花坞木版年画展

  桃花坞木版年画是苏州文化宝藏中的独特瑰宝,享有"东方古艺之花"之美誉。2006年1月6日,苏州桃花坞年画博物馆在古城北部的朴园内挂牌成立。同年苏州桃花坞木版年画制作技艺被列入国务院公布的第一批国家级非物质文化遗产代表作名录,进一步形成了苏州桃花坞年画的传承、研究及其传播的中心。作为国家级非物质文化遗产(桃花坞木版年画)保护单位,苏州市公共文化中心藏有清末以来400余幅古版年画,弥足珍贵。为了让桃花坞木版年画"走出深闺",苏州市公共文化中心不断挖掘桃花坞木版年画的历史文化价值,经过两年多的努力,由苏州市公共文化中心、苏州美术馆策划主办的《苏州桃花坞木版年画特展》入选国家艺术基金2016年度传播交流推广资助项目,推动桃花坞木版年画已从中国本土走向世界。

一、姑苏繁华录——苏州桃花坞木版年画特展

  2016年11月2日,苏州桃花坞木版年画特展在苏州美术馆盛大开幕。此次特展由苏州市公共文化中心和苏州美术馆经过多年的征集与研究,特邀中国美术馆研究与策划部主任张晴担任策展人,展出馆藏精品年画190件,特别是首次将留存海外的"姑苏版"桃花坞年画请回"娘家",汇集法国国家图书馆、日本神户市立博物馆、日本町田市立国际版画美术馆馆藏"姑苏版"精品12件,成为清代康乾苏州桃花坞木版年画全盛期作品首次在国内的公开展出。

桃花坞年画特展展标

展览期间，特邀请海内外10余名专家学者，在苏州举行学术研讨会，交流桃花坞年画最新研究成果，以国际视角关注其保护与传承。与此同时，此次特展还推出了配套展览，组织开展了"桃坞印画"专场公共教育活动，并将其

"桃花坞木版年画特展"现场

"桃花坞木版年画特展"公教活动现场

分为观摩欣赏篇、亲身体验篇，由专业年画艺人引导观众观摩作品，亲身体验色彩，印制年画线版。

与此同时，苏州桃花坞木版年画特展还受到业界的广泛关注，衍生出三场巡展。2017年1月31日至2月28日，"苏州桃花坞木版年画特展"作为位于杭州的中国美术学院美术馆"年画迎吉"特展开展的重要组成部分，广受赞誉。2017年3月8日至3月31日，受天津美院邀请，"苏州桃花坞木版年画展"来到天津进行巡展。2017年4月5日，作为山东美术馆与苏州美术馆在交流学习基础上的一次馆际交流展，"苏州桃花坞木版年画特展"将苏州桃花坞年画博物馆的113件藏品带到山东美术馆，开展为期一个多月的巡展，山东美术馆还邀请苏州桃花坞年画博物馆专业人员在现场演示苏州木版年画印制，让观众近距离领略桃花坞木版年画的艺术魅力。

二、苏州桃花坞木版年画巡展

（一）全市全省全国巡展

从2014年开始，截止到2016年底，共在全国34个地市开展了34场苏州桃花坞木版年画展览。

2014年，巡展覆盖苏州的吴江区、昆山市、相城区、太仓市、常熟市、园区等全市十个区域。

2015年，巡展扩展到整个江苏省范围内，包括南京市、扬州市、泰州市、南通市、泰兴市、淮安区、盐城市、连云港市、徐州市、宿迁市、镇江市、无锡市、常州市十三地。

2016年，苏州桃花坞木版年画展览将目标放眼至全国，先后在浙江嘉兴市文化馆、北京朝阳区文化馆、辽宁大连市群众艺术馆、内蒙古通辽市文化馆、吉林长春宽城区文化馆、黑龙江哈尔滨南岗博物馆、新疆克拉玛依市文化馆、宁夏回族自治区文化馆、宁夏石嘴山市平罗县文化馆、重庆南岸区文化馆、湖南长沙市文化馆十一个省（市）进行巡展。

其中"苏州桃花坞木版年画展新疆克拉玛依行"被评为文化部文化志愿

"苏州桃花坞木版年画江苏省巡展"海报

学生参观桃花坞木版年画巡展

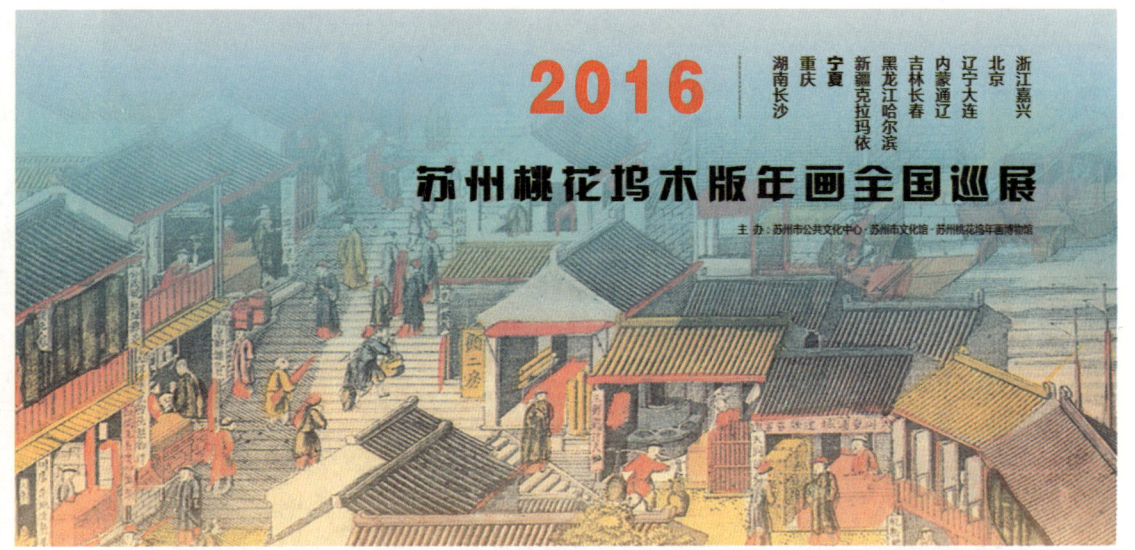

"苏州桃花坞木版年画全国巡展"海报

大连巡展现场

哈尔滨巡展现场

苏州桃花坞木版年画巡展在克拉玛依深受群众欢迎

服务典型案例，受到文化部表彰。总参观人数达60余万人，不仅提高了苏州桃花坞木版年画的群众知晓度和认知度，更加强了苏州与省内乃至国内各类非遗机构的交流与合作。

（二）姑苏印记·苏州桃花坞木版年画展（西班牙马德里）

2017年2月9日—3月11日，由马德里中国文化中心主办，苏州市公共文化中心、苏州桃花坞木版年画博物馆承办的"姑苏印记·苏州桃花坞木版年画展"，作为欢乐春节活动的延续，在马德里中国文化中心隆重揭幕。

为了办好这次展览，在马德里文化中心的大力支持下，精心挑选了神仙、时俗、戏出、装饰四个部分共计50幅馆藏精品，专门制作了介绍苏州桃花坞木版年画历史渊源及工艺流程的特别版面。

"姑苏印记·苏州桃花坞木版年画展"马德里展标

配套展览同时，给大家进行了苏州桃花坞木版年画制作现场演示，很多感兴趣的西班牙朋友赶到现场互动，自己动手印制线板的苏州桃花坞木版年画带回家，让西班牙朋友们近距离接触、了解、欣赏桃花坞木版年画这门古老的中国手艺，也能够让世界友人分享苏州桃花坞木版年画这朵"东方古艺之花"

的无限魅力。

展览开幕仅两周,马德里中国文化中心已经接待了逾800名观众入场参观,包括由马德里市三家公共教育机构主动申请的集体参观。

"姑苏印记·苏州桃花坞木版年画展"马德里展现场

特色项目2
"品苏"手艺体验活动

苏州的非物质文化遗产资源极其丰富,中国农耕文明时代的绝大部分手艺及其制品都能在苏州找到踪迹,为将这些已经淡出人们视野的老手艺重新请回当下生活,并得以根本的传承、创新和发展,2016年伊始,苏州市公共文化中心推出"品苏"手艺体验活动及苏作手艺展。

"品苏"手艺体验以传统苏作为主要内容,涵盖苏绣、玉雕、苏扇、桃花

品苏手艺体验活动现场

坞年画、核雕、缂丝织造等"非遗"项目。精细雅洁的苏作，是精益求精的工匠精神的经典体现。苏作其实是一种生活方式，不仅仅是苏州传统文化的符号，更是千百年来苏州人慢慢形成的生活方式的物化反映。这种生活方式，从古至今，点点滴滴，渗透到苏州人生活的方方面面。

近年来这些老手艺虽然已经获得了相当的关注，但是其具体的设计、生产制作流程仍然小有神秘，通过每月一场的手艺体验，邀请手艺大师们在现场为观众讲解手艺传承历史、演示手艺工序流程，同时邀请观众现场"学艺"，在特别创设的空间中，让参与者与老手艺零距离接触，感受传统工艺的魅力，吸引了众多爱好者前来学习、体验。

首届"品苏"活动安排一览

第一场：巧手锦心——苏绣鉴赏与体验
1月27日，特邀高级工艺美术师薛金娣携子张雪
第二场：指上乾坤——核雕鉴赏与体验
2月28日，特邀著名核雕艺人周春毅
第三场：杂花生树——首饰鉴赏与体验
3月27日，特邀首饰设计师张莉君
第四场：千江千月——古琴鉴赏与体验
4月17日，特邀古琴演奏家、斫琴家携女裴琴子
第五场：舒展自如——苏扇鉴赏与体验
4月24日，特邀制扇大师王健
第六场：和合如意——桃花坞木版年画鉴赏与体验
5月29日，特邀工艺美术师乔兰蓉
第七场：方寸叙述——藏书票鉴赏与体验
6月26日，特邀版画家庾武锋
第八场：壶中天地——陶艺鉴赏与体验
7月24日，特邀工艺美术师严佳黎
第九场：璎珞步摇——串珠鉴赏与体验

8月28日,特邀首饰设计师胡霍宁

第十场:锦绣之冠——宋锦鉴赏与体验

9月25日,特邀苏州丝绸博物馆副馆长王晨

第十一场:通经断纬——缂丝鉴赏与体验

10月30日,特邀高级工艺美术师曹美姐

第十二场:君子佩玉——玉雕鉴赏与体验

11月27日,特邀高级工艺美术师夏翔

第十三场:以刀代笔——竹刻鉴赏与体验

12月25日,特邀高级工艺美术师倪小舟

巧手锦心——苏绣鉴赏与体验现场

指上乾坤——核雕鉴赏与体验现场

和合如意——桃花坞木版年画鉴赏与体验现场

锦绣之冠——宋锦鉴赏与体验现场

在"品苏"手艺体验活动的基础上,苏州市公共文化中心主办"品苏——苏作手艺展",于11月12日至27日在苏州美术馆展出,选取苏绣、核雕、古琴、苏扇、紫砂壶、宋锦、缂丝、玉雕、竹刻、盆景、根雕、木雕、琥珀、鸟笼、铜炉、蟋蟀盆、赏石等作品百余件,通过苏作的呈现,品味苏州的精致生活。

苏州市公共文化中心推出"品苏"手艺体验及苏作手艺展,让社会公众零距离体验苏州老手艺,助推"非遗"重返百姓生活。

品苏——手艺展现场之一

品苏——手艺展现场之二

下篇 创新集成　79

品苏——手艺展现场之三

品苏——手艺展现场之四

品苏——手艺展现场之五

特色项目3
名人名篇网络诵读大赛

对经典的阅读不应只是停留于表面。人们可以在"月落乌啼霜满天,江枫渔火对愁眠"中与张继一同聆听静夜中寒山寺传来的悠远钟声;在"洛阳城里见秋风,欲作家书意万重"中洞悉客居洛阳的张籍对吴地家乡的莼鲈之思;在"先天下之忧而忧,后天下之乐而乐"中感悟范仲淹思百姓、忧天下的家国情怀;在"苟利国家生死以,岂因祸福避趋之"中体察曾数度在苏州任职的林则徐的忠贞报国。诵读这些佳作,可以使人重温苏州名贤经典,启迪思想、温润心灵、陶冶人生。

2016年5月至9月,苏州市公共文化中心(名人馆)联合众多公共文化机构举办"首届苏州名人名篇网络诵读大赛",精心推出历代苏州名人传世100

名人名篇网络诵读大赛海报

名人名篇网络诵读大赛100首推荐名篇

篇经典佳作。

　　参与者从中挑选一篇吟诵，重温苏州名贤经典、传承不朽名篇，同时又为这些历经时光淬炼的作品注入自己的理解和诠释。

大赛历时四个多月,全国联动,数十家媒体报道,3 000多名选手参赛。上至白发苍苍的八旬老人,下至刚上一年级的小学生,全民参与。

东中市实验小学为参赛同学组队、排练、录制作品

据统计,共有140多万人次参与网络投票,关注浏览人次达500多万,充分展现了苏州2 500余年的悠久历史,以及在政治经济、文化艺术等方面为这座文化名城成就了精彩传奇的名人们。

大赛采用线上、线下结合的方式,整合PC端参赛网站和微信公众号,配套线上群众普遍参与及线下实体比赛、微信推送以及口袋本发行。

大赛还专程举办展演活动,著名朗诵艺术家、主持人陈铎、方明、丁建华、刘家祯、傅国等与获奖选手同台演出。

大赛还采用网站、APP、微信三大平台同步网络直播的方式,最大限度覆盖参与面,加快了与现代科技、"互联网+"深度结合,带动弘扬主流价值、传承特色文化、提升艺术素养的优质文化服务真正融入市民群众的日常生活。

大赛得到了多位朗诵表演艺术家的高度赞扬,著名朗诵表演艺术家、中

衍生品——苏州名人名篇集萃口袋本

一等奖获得者凌宇立诵读《浩气吟》

央电视台主持人、我国第一代电视工作者陈铎先生认为,"首先,这样的诵读比赛应该算是一个创举,运用网络的推广,让更多的爱好者可以最大限度地走进朗诵表演艺术的殿堂。其次选用的篇目是苏州地区的名人名作,弘扬苏州独特的文化印迹,效果与反响非常好。"

大赛展演,传承苏州文脉,弘扬苏州城市精神,充分体现苏州优秀传统文化历久弥新的时代价值。由家国情怀衍生出来的这些名篇,正是弘扬中国精神、凝聚中国力量的强大精神支撑,通过这次的展演,能够将这些历经时光萃取的文字与世界各地的人们分享,启迪思想、温润心灵、陶冶人生。

二等奖获得者曹璐垚诵读《牧牛词》

二等奖获得者邵豆米诵读《采莲曲》

名人名篇网络诵读大赛展演选手与嘉宾合影

陈铎与其夫人朗诵《你鼓励了我》

刘家祯朗诵《再别康桥》

附录：首届苏州名人名篇网络诵读大赛相关资料

（一）首届苏州名人名篇网络诵读大赛章程

章　程

一、宗旨

拥有2 500余年历史的苏州，是一座物华天宝、人杰地灵的文化名城。在浩浩荡荡的时间长河中，涌现出了众多历史名人，这些在政治经济、文化艺术等方面创造了精彩传奇的名人们，其人生轨迹与苏州城市文化的积淀发展，同生共荣。名人们在不同的历史时期，以大量的诗词歌赋记事载物、抒情言志，流传至今，成为传统文化的重要结晶，成为审美情怀的重要遗产。

2012年，苏州市名人馆正式落成开放，名人馆在传承苏州名人文化、弘扬苏州城市精神的宗旨之下，举办了各类丰富多彩的专题活动。2016年4月，苏州市公共文化中心、苏州市名人馆将主办首届苏州名人名篇网络诵读大赛，主办方精心挑选了历代苏州名人传世的100个经典名篇，这些经过时光淬炼的文字，辞藻或华丽或素朴，气势或磅礴或恬静，参与者可以通过诵读经典名篇来共同分享其中的人生智慧、情感共鸣。

历史前行，文脉存续，民族才得以生生不息。大赛将优秀传统文化与当下文化建设的现实需求紧密结合，通过整合线上群众普遍参与及线下实体比赛、配套微信推送、口袋本和儿童绘本制作发行，加快与现代科技、"互联网+"深度结合，将经典文化以亲切生动的形式引入社会各界交流圈层，拉近社会大众与历史经典之间的距离，体现优秀文化遗产的时代价值，为每一位奔忙在生活中的有心人，提供一个灵魂的诗意栖息地。

"诵名人名篇、品苏蕴苏典"，让我们重温经典，品味苏州，寻找美好。

二、组织机构

主办单位：苏州市公共文化中心

承办单位：苏州市名人馆

协办单位：苏州文化艺术中心、张家港图书馆、常熟市图书馆、太仓市图书馆、昆山市图书馆、吴江区图书馆、苏州大学唐文治书院、苏州科技大学人

文学院、苏州胜利精密制造科技股份有限公司、苏州爱乐美实业有限公司

媒体支持：中国文化报、澎湃新闻、凤凰江苏、中国江苏网、苏州报业集团、苏州广电总台、苏州交通广播（FM104.8）

特别支持：苏州市第一高级中学、苏州市振华中学校、苏州市景范中学、苏州市第三十中学、苏州市第二十四中学校、昆山第一中学、苏州高新区实验小学校、苏州工业园区景城学校、苏州市东中市实验小学校、苏州市敬文实验小学、苏州市善耕实验小学、苏州市大儒菉葭中心小学、苏州市桃坞中心小学、苏州市崇道小学、苏州市沧浪培智学校、苏州市平江培智学校

三、大赛流程

大赛设初赛、复赛、决赛三个阶段进行。初赛在网络平台上进行；复赛环节采取网络投票与现场比赛结合进行；决赛和颁奖环节采取现场比赛的形式。

1. 报名条件

（1）年龄不限

（2）地域不限

（3）民族不限

（4）报名参加初赛的选手仅需填写姓名、年龄、性别、联系方式。进入复赛以后将现场核验选手身份信息，如与真实信息有误自动取消参赛资格。

2. 参赛方式

采用网上报名参赛的方式：

（1）可通过活动的微信平台（或微网站）报名参赛。

（2）PC端登录苏州市公共文化中心网站（www.szpcc.com）"品苏——首届苏州名人名篇网络诵读大赛"专区报名、上传朗诵作品录音。

注：每位选手只能上传一个朗诵录音。上传的文件大小控制在6M以内，格式为mp3。

3. 初赛

（1）参赛方式：在苏州市公共文化中心提供的"100首推荐名篇"（以下简称"作品库"）中，自行挑选1篇朗诵。

（2）晋级方式：选手报名上传的朗诵录音在规定的时间内接受网民的投票，网络投票排名前100的选手将进入复赛。

4. 复赛

（1）参赛方式：选手在"作品库"中自行挑选1篇现场朗诵，复赛时可选择作品配乐（MP3或CD格式）。

（2）晋级方式：复赛选手总分由网民投票占30%，专家评委占70%构成，综合排名前20名进入决赛。

5. 决赛

（1）参赛方式：选手在"作品库"中自行挑选1篇现场朗诵，鼓励朗诵篇目不与初、复赛重复。

（2）晋级方式：由专家评委对进入决赛的选手现场评分。最终评选出一等奖（1名）、二等奖（2名）、三等奖（3名）、最佳人气奖（5名）。

（3）评委成员：拟邀请知名播音、表演艺术家担任评委，在现场进行点评。

6. 展演

拟邀请知名播音、表演艺术家担任颁奖嘉宾，与获奖选手同台表演。具体事宜另行通知。

四、参赛要求

1. 参赛作品应为本人朗诵，声音洪亮，口齿清楚。

2. 参赛作品应在苏州市公共文化中心提供的"品苏——首届苏州名人名篇网络诵读大赛100首推荐名篇"中选择。

3. 参加复赛、决赛时如需配乐朗诵应自行提供配乐音源，要求音质清晰。

五、奖项设置

1. 一等奖1名：资助6 000元人民币/人，颁发获奖证书，并有机会与知名播音、表演艺术家同台表演。

2. 二等奖2名：资助4 000元人民币/人，颁发获奖证书，并有机会与知名播音、表演艺术家同台表演。

3. 三等奖3名：资助2 000元人民币/人，颁发获奖证书，并有机会与知名播音、表演艺术家同台表演。

4. 最佳人气奖5名：资助1 000元人民币/人，颁发获奖证书。

5. 获奖选手将被邀请参加展演活动，颁奖活动事宜另行通知。

六、媒体宣传

1. 由中国文化报、澎湃新闻、凤凰江苏以及苏州交通广播（FM104.8）等多渠道媒体，对"品苏——首届苏州名人名篇网络诵读大赛"开启宣传推广，并对初赛、复赛和决赛进行跟踪报道。

2. 在苏州市公共文化中心、苏州市名人馆官方网站、微博、微信公众平台开启宣传推广。

七、大赛日程

1. 初赛时间：2016年5月下旬——7月下旬

2. 复赛时间：2016年8月上旬——8月下旬

3. 决赛时间：2016年9月上旬

4. 展演：2016年9月中旬

（复赛、决赛具体时间地点如有改动，以发布在苏州市公共文化中心网站上的信息为准。）

八、参赛规则

参赛选手应同意并遵守如下规定：

1. 参赛选手参加本次大赛的行为视为其已经同意并遵守该章程。

2. 参赛选手应许可本次大赛主办单位、承办单位享有如下权利，并放弃获得含肖像权以内的报酬的权利，具体如下：

（1）对参赛选手的表演进行录音录像，并制作参赛选手表演的录音录像制品；

（2）通过广播、信息网络、新媒体等各种方式向公众传播参赛选手在本次大赛框架内的表演活动；

（3）用于非商业性宣传推广用途使用参赛选手的肖像和姓名。

3. 参赛选手应配合工作人员，自觉遵守比赛秩序。

注："品苏——首届苏州名人名篇网络诵读大赛"联系方式

活动资讯电话：0512—82280934（工作日）、82280939（周末）

联系邮箱：szsmrg@szpcc.com

本次大赛的解释权归苏州市公共文化中心所有。

（二）首届苏州名人名篇网络诵读大赛复赛细则

复赛细则

"首届苏州名人名篇网络诵读大赛"自5月31日开赛以来，得到了众多网友的热情关注和广泛参与。为期二个月的初赛将在7月31日23:59结束，现将复赛具体事宜公告如下：

一、参赛资格

1. 8月1日12:00，将在大赛PC、微信平台【资讯】中公布初赛网络投票结果。按得票数由高到低排列，前100名参赛选手，将与大赛协办单位10个分赛区入选的100名选手进入复赛。工作人员将在8月1日—8月2日，按您参赛时填写的手机号码与您联系，请保持手机畅通。

2. 已取得复赛资格的参赛选手，如因手机号码填写有误无法取得联系的，该选手将会在"个人用户中心"收到提醒消息。请收到提醒消息的选手务必于8月5日12:00前主动与主办方联系（电话：0512-82280934，邮箱：1497784275@qq.com），逾期未取得联系的，将视为自动放弃复赛资格。由此产生的空缺名额将按照初赛网络投票排名依次递补。

二、参赛方式

复赛由网络投票和现场诵读两部分组成。

（一）网络投票部分

1. 入围复赛的选手在"首届苏州名人名篇网络诵读大赛"专网或微信平台的【百篇】内，自行挑选一篇朗诵并录制，在8月5日12:00前，将复赛参赛作品录音发送电子邮件至复赛邮箱1497784275@qq.com。（参赛作品录音要求10M以内，MP3格式）

2. 入围复赛的选手在【百篇】中挑选的复赛参赛诵读篇目**不得与初赛重复**；

3. 入围复赛的选手发送邮件时，务必按照以下指定格式，否则视为无效：

（1）**标题栏务必包含"复赛作品"字样**；

（2）**正文务必注明初赛参赛编号、参赛者真实姓名、真实手机号码、复赛作品名称**；

（3）附件中添加复赛参赛作品录音，**录音文件务必以"初赛参赛编号＋真实姓名＋作品名称"格式命名，作品大小不超过10 M**；

（录音文件命名举例：100001王小二忆江南）

4. 入围复赛选手**只能**发送**一封**电子邮件，且仅包含**一个录音文件**，如有重复，将视为无效；

5. 如逾期未发送邮件的，将视为自动放弃复赛资格，依次递补有效参加复赛资格。

（二）现场诵读部分

1. 选手在【百篇】中自行挑选1篇**现场诵读，所选篇目不得与初赛重复，现场诵读时间限制3分钟内，要求使用普通话**。

2. 现场诵读如需音乐伴奏，一律采用MP3音乐格式伴奏，其他形式伴奏需自行解决。选手务必在8月12日9:00—8月21日17:00前，将MP3音乐格式伴奏文件发送至复赛邮箱1497784275@qq.com，并务必注明**选手真实姓名、复赛赛参赛编号、手机号码**。

除此之外，为保证现场复赛时MP3音乐格式伴奏能够顺利播放，复赛当天，选手应携带一份MP3音频格式伴奏文件，存储在U盘等可移动存储设备中。

3. 200位入围复赛选手将通过抽签分为4组，每组50人。

抽签时间：8月12日上午9:30—11:00、下午1:30—3:30

抽签地点：苏州市名人馆前台

抽签需本人持身份证到场。如需代抽签，请提供本人代抽签人身份证。请选手准时到场抽签，逾期未到场抽签的，将视为自动放弃现场诵读资格。

4. 现场诵读时间：8月下旬，具体时间请关注大赛专网资讯栏目

5. 现场诵读地点：苏州市公共文化中心剧院（苏州市人民路2075号）

三、复赛评分标准

入围复赛选手总分由网络投票占30%，现场评委占70%构成，综合排名前20名进入决赛。

（一）网络投票部分

1. 主办方将在8月12日9:00前将选手发送至复赛邮箱的复赛参赛作品录音统一上传至大赛专网复赛区域，并为200位入围复赛选手新建复赛专用账户。复赛专用账户用户名、密码将在抽签当日由本人或代抽签人现场持身份证领取。

2. 复赛投票功能开放时间：8月12日9:00—8月31日23:59

3. 网络投票部分选手成绩占复赛总成绩的30%。具体计算方法如下：

以复赛网络投票第一名最终票数（N票）为30分满分计算，剩余选手复赛网络得票M票，则其网络投票得分为：M/N*30分，保留小数点后2位。

（二）现场诵读部分

1. 复赛评委老师由苏州市广播、电视台知名播音员、苏州市歌舞剧院表演艺术家等专业老师组成，共10人，分为2组，每组5位专业评委老师。

2. 分数计算：

现场诵读部分，选手成绩满分为100分，计分采用去掉1个最低分、去掉1个最高分，取其余3位评委老师平均分的方式计算得分。现场诵读部分选手成绩占复赛总成绩的70%。

复赛咨询电话：0512-82280932、82280934

技术支持电话：0512-82280969

复赛邮箱：1497784275@qq.com

本次大赛的解释权归苏州市公共文化中心所有。

（三）首届苏州名人名篇网络诵读大赛决赛细则

决赛细则

备受关注的"首届苏州名人名篇网络诵读大赛"自今年5月启动以来，全民参与，反响热烈。复赛即将在8月31日23:59结束，决赛定于9月6日

19:00，在苏州市公共文化中心剧院举行。现将决赛具体事宜公告如下：

一、参赛资格

1. 9月1日12:00前，将在大赛PC、微信平台【资讯】中公布选手复赛总成绩排名。按总成绩由高到低排列，前30名参赛选手进入决赛。9月1日，工作人员将按您初赛参赛时填写的手机号码与您联系（工作人员电话：0512-82280934、82280935），请保持手机畅通。

2. 已取得决赛资格的参赛选手，如因手机号码填写有误无法取得联系的，将会在"个人用户中心"收到提醒消息。请收到提醒消息的选手务必于**9月2日17:00前**主动与主办方联系（电话：0512-82280934，邮箱：1497784275@qq.com），逾期未取得联系的，将视为自动放弃决赛资格。由此产生的空缺名额将按选手复赛总成绩排名依次递补。

二、参赛方式

1. 选手在【百篇】中自行挑选1篇现场诵读，**所选篇目不得与初赛、复赛重复**。

2. 现场诵读时间**限制10分钟以内**。

3. 请选手**务必以邮件形式提供以下材料**，配合现场诵读：

（1）音乐伴奏——选手现场诵读时配乐使用。要求：MP3格式，如没有伴奏或现场以其他形式伴奏的无须提供。

（2）背景大屏——剧院舞台LED背景大屏播放，可选取图片、PPT、视频以上三种形式中的一种。

要求：图片一律为JPG格式；视频一律为MP4格式。

图片、PPT、视频**分辨率均为1360*768；比例为16:9**。

以上两条需要提供的材料，即音乐伴奏和背景大屏，选手务必在**9月4日24:00前发送至**决赛邮箱1497784275@qq.com，并须在正文中注明**复赛参赛编号、选手真实姓名、手机号码、决赛作品名称**，以上四者缺一不可，逾期未发送的则视为没有提供。

除此之外，为保证决赛现场音乐伴奏和背景大屏能够顺利播放，**选手应携带一份备份**，存储在U盘等可移动存储设备中。

【注：选手携带的备份**当且仅当**在邮件提供的文件无法正常播放的情况下使用。】

4. 选手发送邮件时，务必按照以下指定格式，否则视为无效：

（1）标题栏务必包含"**决赛作品**"字样；

（2）**正文**务必注明复赛参赛编号、选手真实姓名、手机号码、决赛作品名称；

（3）**附件**中添加音乐伴奏，**务必以"复赛参赛编号+真实姓名+决赛作品名称+音乐伴奏"**格式命名，举例：000300　王小二　忆江南　音乐伴奏；

（4）**附件**中添加背景文件，**务必以"复赛参赛编号+真实姓名+决赛作品名称+背景大屏"**格式命名，举例：000300　王小二　忆江南　背景大屏。

5. 选手**只能**发送**一封**电子邮件，如有重复，将视为无效。逾期未发送邮件的，将视为自动放弃决赛资格。

6. **决赛时间**：9月6日19:00

决赛选手务必于9月6日18:30前到苏州市公共文化中心剧院前台**抽取决赛出场顺序签，万勿迟到！**比赛开始后仍未到达现场的选手，将视为自动放弃处理。

7. **决赛地点**：苏州市公共文化中心剧院（苏州市人民路2075号苏州市文化馆1楼）

8. 为使选手在决赛表现出最佳水平，主办方面向决赛选手统一开放走台，选手以自愿形式参加。

时间：9月5日18:00—21:00

地点：苏州市公共文化中心剧院

三、决赛评分标准

1. 决赛评委老师由省内外广播、电视台知名播音员、江苏省朗诵协会表演艺术家等专业老师组成，共7人。

2. 分数计算：

选手成绩满分为100分，计分采用去掉1个最低分、去掉1个最高分，取其余5位评委老师平均分的方式计算得分。

大赛咨询电话：0512-82280932、82280934

技术支持电话：0512-82280969

大赛邮箱：1497784275@qq.com

本次大赛的解释权归苏州市公共文化中心所有。

特色项目4
"听老苏州讲苏州名人故事"活动

苏州风物清嘉，名人辈出，民间更流传着无数生动的名人故事，"听老苏州讲苏州名人故事"特色公共教育活动经过半年时间的策划筹备，苏州市公共文化中心（名人馆）工作人员与志愿者一起精选名人故事、反复推敲讲稿，并从名人馆志愿团200多位成员中选出王凤芝、张林萍、周国珍、徐筱玲、顾凤娟、徐文高6位熟悉苏州方言、具有扎实讲解功底、平均年龄在60岁以上的"老苏州"担任活动主讲人，通过妙趣横生地讲述苏州历史名人的逸闻趣事的，丰富孩子们的假期生活，在潜移默化中育人于无形。

王凤芝讲况青天智断"十五贯"

"听老苏州讲苏州名人故事"活动是通过未成年社会教育平台发布以及联系相关学校进行宣传的,报名参与者踊跃。

担任主讲人的"老苏州"风格迥异,各有千秋。顾凤娟讲起故事不慌不忙、娓娓道来,她把勤俭节约、孝顺长辈、知恩图报等大道理巧妙地融入故事中。王凤芝阿姨的讲解绘声绘色,引人入胜。喜爱阅读的周国珍阿姨讲故事时常常引经据典。

顾凤娟讲阖闾建造苏州古城

周国珍讲"三令五申"的由来

最全能的要数徐筱玲阿姨了,她除了能用软糯标准的苏州方言讲述名人故事,还能游刃有余地讲解名人馆整个展陈。由于名人馆讲解员的讲稿是普通话版本,因而在转化为吴方言讲解的过程中尤其需要徐阿姨字斟句酌的思量如何才能通俗易懂、接地气。徐阿姨还将原有讲稿的内容进行了拓展延伸。

徐筱玲讲吴越第一铸剑师

徐文高讲单骑治水的白头巡抚

张林萍讲绣出锦绣新天地

苏州市市名人馆举办多场"听老苏州讲苏州名人故事"活动。每次来听故事的小朋友均可在活动单页上加盖特制的"名人印章",每场活动将有专属的"名人印章",每集满2个、3个、5个章小朋友们都会得到精美礼品。

参加活动盖章拿到奖品的小朋友

2016年寒假及暑假期间,苏州市名人馆累计举办了29场"听老苏州讲苏州名人故事"活动,伍子胥、范仲淹、朱买臣、翁同龢、颜文樑、吴健雄、谢孝思等的"好白相"故事轮番上演。因观众热情火爆,暑期在原定的上午场次基础上又增设了下午场,但每场免费报名链接一经发出仍分分钟即告售罄。活动得到中小学老师和学生家长的普遍赞誉,5 000余名小观众到场兴致勃勃地聆听故事,被评为2016年度苏州市社会志愿服务引导扶持项目一类项目、2016年苏州市文化志愿服务引导扶持项目一类项目。

此外,苏州市名人馆还组织出版了《苏州名人故事》丛书,将活动内容录制成光盘免费发赠给相关学校、社区。主讲人老苏州也受邀做客苏州广播电台,为广大市民讲述苏州名人与名城的故事。

"听老苏州讲苏州名人故事"走进何家桥社区

"听老苏州讲苏州名人故事"走进苏州园区景城学校

"听老苏州讲苏州名人故事"图书及光盘

附录:"听老苏州讲苏州名人故事"活动海报

第一期"听老苏州讲苏州名人故事"活动海报

第二期"听老苏州讲苏州名人故事"活动海报

第三期"听老苏州讲苏州名人故事"活动海报

第四期"听老苏州讲苏州名人故事"活动海报

特色项目5
市民文化艺术素养提升志愿服务

苏州市公共文化中心从管理体制、激励和保障机制入手，积极推进和引导市民群众在文化建设中自我表现、自我教育、自我服务，弘扬志愿精神，提升文化艺术素养。

2013年末，苏州市公共文化中心策划实施的"苏州市民文化艺术素养提升志愿服务工程"被评为文化部"文化志愿者基层服务年"示范项目，受到文化部通报表扬。

获评文化部"文化志愿者基层服务年"示范项目

苏州市民文化艺术素养提升志愿服务，无论在数量、质量、身份构成、年龄层次、服务内容等方面，全面超越了传统志愿者模式，做到了起点高，方位全，形式新，效果强。截至2014年底，共有文化志愿者800人，团队11支，自2012年以来，文化志愿者累计提供志愿活动1.8万余次，累计服务时间2.8

万小时，服务受益人数18万人次。

文化馆志愿者团队由苏州市文化馆业余舞蹈队、声乐队、评弹队、京昆联谊会、动漫沙龙、民乐队组成，几十年来业余时间坚持创作、排练、演出，不计回报，无私奉献，技艺精湛，人人具有文艺专长。通过开展全市少儿艺术节系列活动，走进福利院，走进残疾人服务中心，走进上万人居住的农民工集宿区，把精彩的文艺演出和精美的展览送到特别需要关爱的特殊人群中去，高质量、零距离的贴心服务，达到显著社会效益。2014年，文化志愿者团队活跃在"中心"组织、承办的各项演出活动中，先后参加文化部节庆活动等演出45场，为"中心"打造公共文化服务品牌，为市民提供优质公共文化服务发挥了重要作用。

美术馆志愿者社现役志愿者来自各行各业，有学生、高校教师、家庭主妇、自由职业者等，专业各不相同，各个年龄层次也不同。2014年，苏州美术馆志愿社志愿者共参与公益讲座15场及"美术馆里的公开课"10场，艺术体验、亲子工作坊等公共教育活动6场，总计服务时间约120小时。

创新思路，积极引入"洋志愿者"，与西交利物浦大学合作，引进4名分别来自波兰、加纳、意大利、加拿大的国际志愿者，协助完成了包括导览、讲稿翻译、宣传单页翻译制作等多项工作。组织动员专家志愿者，免费开设"与大师面对面"沙龙活动等。

苏州市名人馆志愿团不断推进机制建设，完善并实行了考勤制度、奖励制度、例会制度和培训招新制度，召开"苏州市名人馆志愿团成立2周年"大会，对一批优秀志愿者进行了表彰，还召开了苏州市名人馆志愿团工作会议及3次理事大会。

名人馆志愿者还多次走进社区、学校，累计参加"苏州市名人馆院士主题巡展""'走近名人放飞梦想'苏州市名人馆教育名人专题公益教育活动""'观名人·知历史'暑期学生公益教育活动"等29场，服务时数达3 000多小时，宣传名人文化的同时彰显了志愿者精神。

文化志愿者在表演

省级非遗灯彩技艺传承人汪筱文讲解怀苏式灯彩

美术馆志愿者讲解油画作品欣赏

美术馆里的美术课——山水画元素分解

美术馆里的国际志愿者

粉画巨子杭鸣时免费开设"与大师面对面"粉画沙龙活动

名人馆志愿团成立

名人馆志愿者蔡云水展示收藏的火花

中科院院士汪集暘在名人馆与学生亲切交流

特色项目6
文化创客空间

苏州市公共文化中心尝试将电子阅览室与创客空间融合发展,在秉承电子阅览室借助数字化设备传播知识、服务大众的核心功能基础上,为其注入体验、创新、实践的新基因,结合苏州市公共文化中心自身资源优势,努力探索具有苏州地方文化特色的创客空间模式。

文化创客空间现场之一

苏州市公共文化中心文化创客空间具有"六个一"的功能，具体而言，即一个平台，整合多入口的自适应公共文化服务信息资源展示发布互动社交平台；一个管理系统，支持内容管理更新、虚拟演播、大数据展示、传播设备设施管理、后台运营管理的系统；一套运营制度，形成具有网站及空间管理规程、资源建设与管理服务规范、多媒体内容建设指南的制度；一个空间，支持文化艺术创客的演示学习培训空间；一个知识库，深度挖掘馆藏资源的数据库；一套开发工具，建成虚拟交互演播、素材加工采编、数据统计分析及应用的技术体系。

文化创客空间现场之二

苏州市公共文化中心文化创客空间面积159平方米，实现Wi-Fi全覆盖，按功能定位分为演播互动区、多媒体互动区及展示体验区等三个特色板块：

第一板块，演播互动区。搭建文化直播间，整合了苏州丰富的工艺美术资源，将非遗传承人、手工艺师及文创设计师请入直播间，将非遗技艺、艺术文化作品创作、文创产品制造等通过网络进行直播，利用直播快速、开放、共

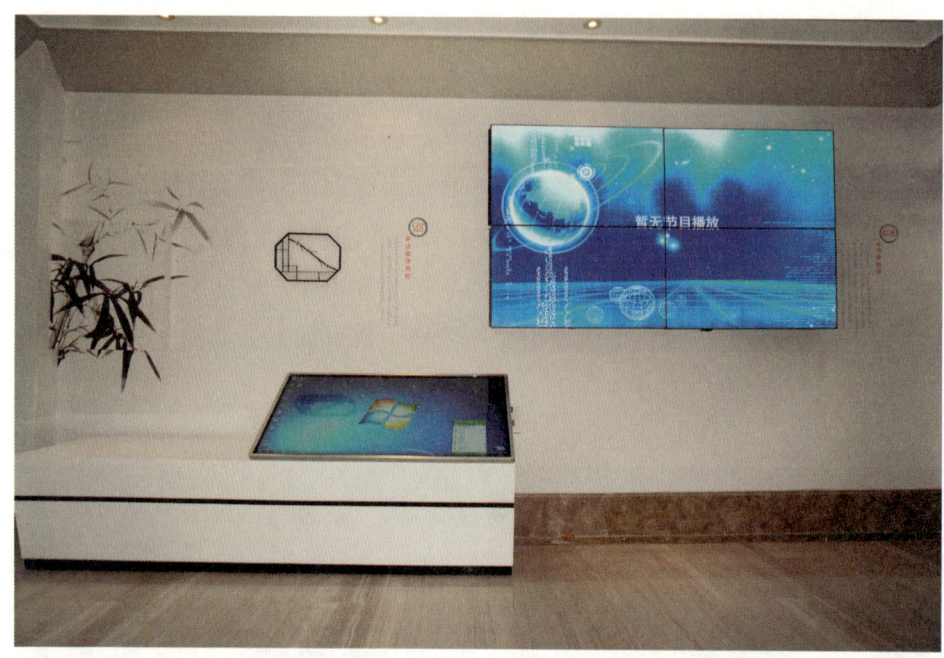

文化创客空间现场之三

文化创客空间现场之四

享、自由的特性吸引更多受众特别是青少年的关注，为中华优秀传统文化传承注入新的活力。

第二板块，多媒体互动区。紧扣"接触真正的民间创客、玩转自己的文化空间"主题，文化创客空间内配置了工业级3D扫描仪和工业级3D打印机，观众可将自己的创意设计通过打印机制作成实物。不会操作？没关系，3D扫描仪、3D打印机的操作使用、讲解教学已借助AR增强现实技术动态呈现于移动终端，观众用手机或平板扫描设备识别码后，即可自助学习。

第三板块，展示体验区。结合馆内名人资源和研究成果，目前制作了以唐伯虎、罗伯特·肖特两位中外名人为主题的VR虚拟现实互动体验。观众通过佩戴现场的虚拟头盔，即可置身于苏州古典园林或二战战机中。在中外两位历史名人的引领下，观众能全方位感受苏州悠久的历史、了解灿若星辰的名人文化。

文化创客空间现场（VR互动）

未来，文化创客空间将以扶持苏州非遗及手工艺的传承和发展为特色，通过演讲、交流、自主设计、动手制作、现场与网络作品展示、组织策划交流学习活动、文创产品众筹等一站式服务，为市民群众提供一个实体和虚拟相结合的持续发展的服务空间。

为了进一步完善"文化创客空间"建设，苏州市公共文化中心与文化部公共文化研究上海图书馆基地达成战略合作协议，被聘请成为其实验基地，旨在加强合作，创新探索，引领发展，形成示范。

艺浪文创产品

江南如画文创产品

桃花坞木版年画文创产品

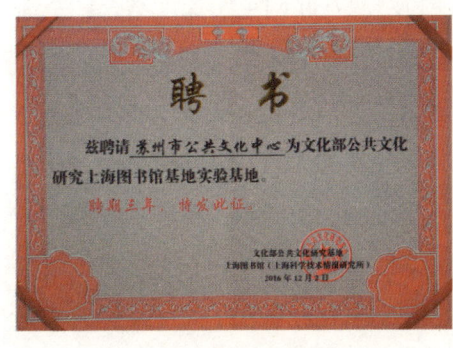

文化部上图基地实验基地（聘书）

文化部上图基地实验基地（铜牌）

特色项目7
大型数字互动墙

苏州市公共文化中心由苏州市委市政府将原有的文化馆、美术馆、名人馆等8家机构整合而成。自成立以来,苏州市公共文化中心以现代公共文化服务为核心,将8家机构的人力、物力、财力资源进行了协调统筹,把原分属于不同机构的文化资源进行加工整合,打破框架、形成合力,为市民群众提供高品质、多元化的公共文化产品和服务。

近年来,苏州市公共文化中心以数字文化建设为引领,充分运用互联网、多媒体、新媒体等技术手段,加快与现代科技、"互联网+"深度结合,全面转型升级公共文化服务的内容和形式,让最新的、最有吸引力的、最优质的文化成果惠及更多市民群众。大型数字互动墙就是苏州市公共文化中心围绕实体空间创新体验打造的重点项目之一。该项目以免费的无线网络环境打底,在苏州美术馆建成大型数字互动墙,全面展示馆藏油画、中国画、粉画等资源。

这是因为,随着物质生活和精神生活水平的日益提高,传统的文化服务方式和手段已经难以满足人民群众的需要。特别是在经济水平高度发达、文化氛围非常浓郁的苏州市,高效率、高品质地融入用户体验的现代文化服务逐渐成为市民群众新的追求。党的十八届三中全会明确提出了"构建现代公共文化服务体系"的要求,所谓"现代",简言之,就是"在传统的基础上使公共文化服务体系升级换代,以适应当代人民群众的需求,以运用现代科技手段丰富文化产品服务的生产和供给"。公共数字文化建设,是数字化、信息化、网络化环境下公共文化服务的新平台、新阵地、新空间,创新了文化表现形式,丰富了文化服务内容,拓宽了服务渠道,是当前和未来加强现代公共文化服务体

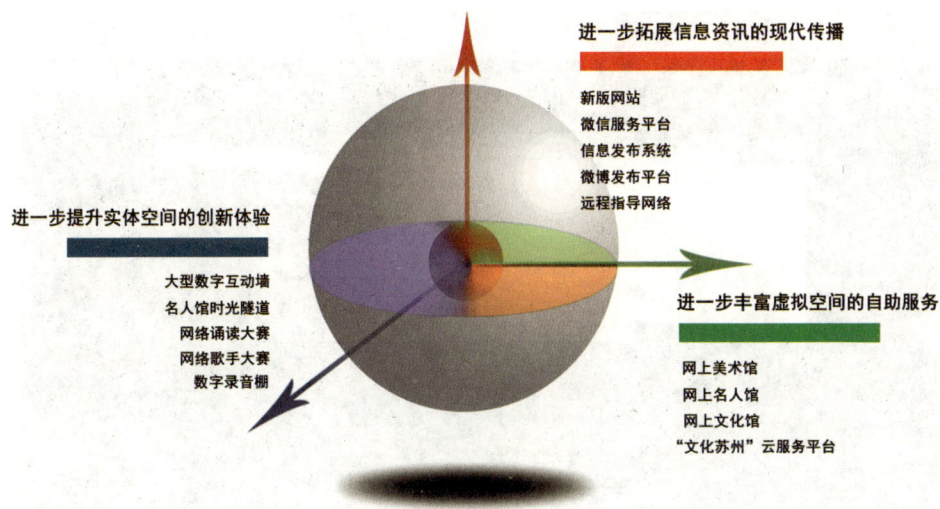

苏州市公共文化中心数字文化建设战略规划图

系建设的重点工作之一。

就公共文化服务机构而言，现代公共文化服务体系，不仅需要固定设施体系、流动服务体系，还需要数字服务体系；现代公共文化机构，不仅需要传统服务方式和手段，还需要数字资源提供能力和远程服务能力；现代公共文化机构，改变的不仅仅是文化的载体形式，更是人们利用公共文化设施、享受公共文化服务的方式。作为现代化水平高度发达城市的公共文化服务机构中的排头兵，苏州市公共文化中心积极探索现代公共数字文化服务新形态，为进一步转变公共文化服务方式，提高服务效能，作出应有贡献。

苏州市公共文化中心在开展日常业务工作时发现，传统的展览模式仍存在一些无法克服的问题。例如：对观众而言，在美术馆观看展览只能欣赏到正在展出的作品，错过展期就只能遗憾而归了。对美术馆来说，无法展示所有馆藏也很遗憾。以苏州美术馆为例，馆内共有藏品近2 000件，其中不乏国家一级文物等珍贵美术作品。按照传统的展览模式，所有藏品展示一遍需要花费好几年的时间，严重制约了美术馆社会效益的最大化。然而通过搭乘全媒体"快车"建成的大型数字互动墙，却巧妙地解决了上述问题。

公共文化设施作为文化资源的集中展示场所，对满足群众的精神文化需

苏州市公共文化中心的"网上美术馆"

求,提升群众文化素养,形成公共文化空间、引领公共文化生活起到了重要作用。因此,建设内容丰富、融入用户体验的现代公共文化设施空间,对于吸引社会公众,尤其是青少年群体的广泛参与,具有重要的战略意义。为增强市民群众对公共文化的认知度与参与度,充分体现苏州市公共文化中心的实体场馆价值,苏州市公共文化中心在不断完善自身已有项目的基础上,重点建设大型数字互动墙项目,打造融入用户体验的现代公共文化设施的实体数字交互空间。

苏州市公共文化中心建成的大型数字互动墙位于苏州美术馆大厅,由16块高清液晶显示屏分上下两层拼接而成互动墙面,这面墙可供8人同时使用。墙体中部上方装有能够捕捉动作的"雷达眼",借助这一设备和人体感应、多点触控技术,实现人与机器的交互、沟通。

功能包括:

1. 以数字方式全面展示苏州市公共文化中心馆藏艺术品,包括油画、粉画、版画等数字资源;

2. 以科技化、体验化的互动方式,采用体验感较强的人体感应、多点触控技术,营造出生动、有趣的体验模式,吸引市民群众参与互动;

观众使用大型数字互动墙

大型数字互动墙侧面照

3. 结合移动终端的使用,当市民群众对作品感兴趣时,可使用随身携带的移动终端,一键收藏喜爱作品的相关数字资源。

此外,苏州市公共文化中心仍在不断探索大型数字互动墙的拓展性、延伸性功能。例如:"江南如画——中国油画作品展(2015)"是苏州首次在全国范围内以公开征稿的方式举行的全国性高端美术展览。许多观众反映错过了展期,没能欣赏到展览。为了满足观众的需求,苏州市公共文化中心将"江南如画——中国油画作品展(2015)"的作品全部转化为高清数字化图片,并通过大型数字互动墙将作品一一展示了出来。

并且在聆听到观众这样的心声之后,苏州市公共文化中心将最近多次展览的400多幅展品图片,也都存入该系统,供观众随时随意取阅。苏州市公共文化中心还计划未来让这面墙展示国内外其他馆的数字化藏品,将这面墙变成永不落幕的大型画展。

苏州市公共文化中心的"大型数字互动墙"项目在解决了传统展览模式瓶颈问题的基础上实现了文化共享、互动体验、数字探索、数字欣赏、休闲娱乐、数字制作等全方位功能。具体成效如下:

1. 拓展和深化了馆藏资源的利用。画展永不落幕,观众能随意查看近期举办过的展览中的千余幅展品图片。

2. 与多种移动终端无缝融合。观众通过扫描二维码,就可以轻松把作品"带"回家观看。

3. 多人同时互动操作。可供8位观众同时使用,观众可采用挥手、手指停留等方式进行隔空操作,点击观看自己想看的作品。

大型数字互动墙作品展示

4. 提供了大数据采集、分析功能，有利于精准服务的开展。在观众进行点赞、下载等互动操作的同时，进行大数据采集，统计分析观众的喜爱偏好。

目前，几乎每一位来馆观众的目光都会被这座大型数字互动墙所吸引，他们会驻足在大型数字互动墙前静静观赏，也会伸手点击翻阅不同的作品。年轻的观众还会不时围聚在墙前，尝试体验手机扫码和点赞等互动功能。根据数

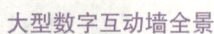

大型数字互动墙全景

小观众使用大型数字互动墙

大型数字互动墙人机互动界面

据统计，自大型数字互动墙建成以来被点赞的作品共有150多副，总点赞量已达4 558人次，其中点赞量最高的是一副《三国演义》开篇词的书法作品。

苏州市公共文化中心建成的大型数字互动墙还吸引了国内许多媒体的关注，《中国文化报》《新华报业》《苏州日报》《姑苏晚报》等媒体均刊登了专题报道。"国家数字文化网""国家公共文化网""凤凰网""新华网""光明网""中国江苏网""中国苏州"等互联网媒体也发布了相关报道。

《中国文化报》专题报道大型数字互动墙启用

国家公共文化服务体系建设专家委员会主任、北京大学教授李国新等国内知名专家对此认为，大型数字互动墙通过引进国外先进理念，在中国实现改造、消化、吸收、研发，创造了国内公共文化机构第一个"大型数字互动墙"。通过集成先进技术，该大型数字互动墙创新了公共文化机构展览展示的新载体、新形态，创造了公共文化服务的新手段、新方式，在公共文化服务机构数字空间构建中具有推广价值；打破了美术展览的时间、空间限制，让展览进入全媒体时代，有利于美术馆更好地发挥服务功能，对全市同类场馆提供现代公共文化服务具有示范引领意义。

项目验收评审会议现场

特色项目8
粉画与古琴慕课

慕课,是"大规模网络开放课程"的英文名称——Massive Open Online Courses的首字母缩写,MOOCs的音译名称。慕课特别适合以互联网形式面向广大公众进行大规模艺术培训,是文化馆推进全民艺术普及的重要手段和方式。

慕课(MOOC)是一种教学方式,它由主讲教师负责,通过互联网支持大规模人群参与,以课程短视频、作业练习、小测试、论坛活动、通告邮件、考试等要素所构成。因其互联网、大规模人群参与、便捷的师生交流、完善的教学管理等特点,扩大了服务对象和服务范围,不仅包括本地区人群,还可以辐射至全国乃至全世界。慕课建设不仅为文化馆带来了一种新的资源类型,也

苏州艺术慕课

将带来文化馆（站）培训、辅导业务工作方式的变革。

苏州市公共文化中心（文化馆）积极推动、促进慕课的建设，根据2017年2月下发的全民艺术普及慕课建设指南，细致梳理了公共文化中心的特色资源，认为杭鸣时粉画教学、裴金宝古琴教学两项基础扎实、内涵深厚、特色明显，且对应慕课建设的特点有较强的融合度，因此选择这两个题目率先开展慕课建设工作。

一、杭鸣时粉画教学

杭鸣时教授1931年出生于上海，祖籍浙江海宁。毕业于鲁迅美术学院后，从事高等美术教学四十余年。曾任中国美术家协会水彩画艺委会副主任。

杭鸣时先生

他的主要作品可分三个阶段：20世纪50至60年代主攻水彩，代表作《工业的粮仓》《井冈山象山窟》等等。前者被中国美术馆收藏，又编入《中国新文艺大系》美术卷。

70年代画年画，其中《草原铁骑》首版印数180万份，创"文革"前单幅画首版印数最高纪录。

70年代后期，受前辈丁正献教授之托，为中国粉画事业的兴起和发展，他放弃了水彩画，全身心投入粉画创作和宣传推广中来。作品《为国争光》《绿色的梦》分别入编《中国新文艺大系》美术卷和《世界人体鉴赏大典》。《柯桥夕照》《山城》《水乡蝉声》先后在美国第26届、27届、29届粉画展上获金奖，美国专业画家联盟颁发的优秀画家奖，和德加粉画协会颁发的优秀作品奖，被誉为粉画巨子。

杭鸣时先生致力于粉画艺术的推广和普及，热心苏州粉画事业发展，将自己六十多年来精心创作的各个历史时期的粉画代表作品无偿捐赠苏州。在市

鸣时粉画作品

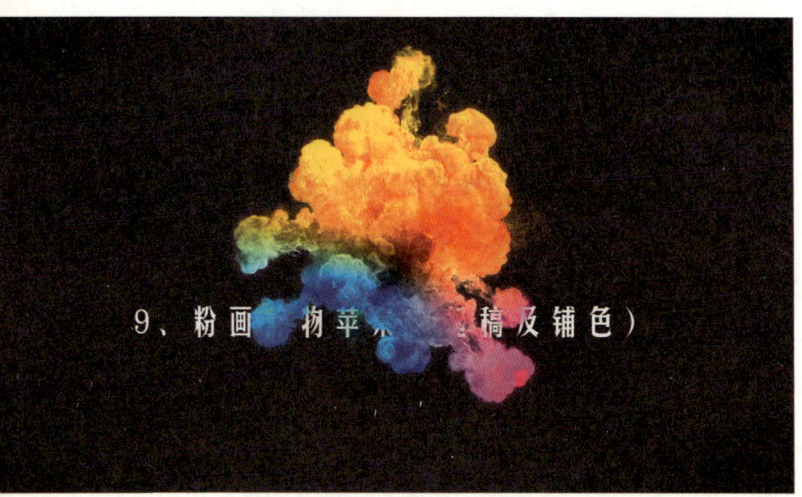

粉画慕课截屏之一

粉画慕课截屏之二

委、市政府的关心重视下，杭鸣时粉画艺术馆于2011年12月16日揭牌，建筑面积达1 600平方米，为国内第一个粉画艺术馆，隶属苏州市公共文化中心。自2012年9月28日正式开馆至今，杭鸣时粉画艺术馆积极发挥美术展览、学术研究、公共教育等多项职能，长期陈列杭鸣时先生捐赠的《共饮美酒庆回归》《阳光共享》等68幅作品，策划举办"凝聚——2015中国粉画名家（苏州）邀请展""中国苏州——韩国大田第二届当代书画名家展"等展览，持续开展"与大师面对面"粉画沙龙，已成为苏州一张闪亮的文化名片。

2012年3月，央视书画频道与杭鸣时先生联络，以24集每集27分钟的教学片的形式进行拍摄，内容包含杭鸣时先生对粉画艺术鉴赏、粉画创作技法以及粉画表现形式的讲演。教学片涵盖杭鸣时先生半个多世纪以来对粉画的理解和创作创新的过程。

杭鸣时粉画教学初步设计的课程大纲如下所示。

杭鸣时粉画教学大纲

教　学	视频	内　　　容
第一周	1	粉画概念及特征
	2	西方粉画历史——肖像时代
	3	西方粉画历史——印象派
	4	西方粉画历史——现代主义
第二周	5	中国粉画历史——近代
	6	中国粉画历史——现代
	7	色粉纸（纸张的选择）
	8	色粉笔（种类、其他辅助工具）
第三周	9	粉画材料制作——色粉纸
	10	粉画材料制作——色粉笔
	11	上色前的准备
	12	色彩冷暖知识
第四周	13	构图形式
	14	笔触的表现与技法
	15	粉画静物苹果
	16	粉画静物香蕉
第五周	17	粉画静物梨
	18	粉画静物白菜
	19	粉画静物青椒
	20	粉画静物洋葱
第六周	21	粉画静物陶罐
	22	粉画静物玻璃杯
	23	粉画静物组合构图

（续表）

教　学	视频	内　　　容
第六周	24	粉画水果组合（1）
第七周	25	粉画水果组合（2）
	26	粉画蔬菜组合（1）
	27	粉画蔬菜组合（2）
第八周	28	粉画静物组合（1）
	29	粉画静物组合（2）
	30	粉画静物组合（3）

二、裴金宝古琴教学

裴金宝，古琴演奏家、斫琴家、修复专家。中国昆剧古琴研究会理事、中国乐器改革制作专业委员会专家委员、江苏省古琴学会副会长、苏州吴门琴社社长、苏州市古琴学会副会长、苏州市非物质文化遗产古琴艺术代表性传承人。

裴金宝先生

裴金宝先生出生民乐之家,自小喜爱昆剧、京剧、江南丝竹、乐器演奏,师从吴门古琴大家吴兆基先生,尽得其传。通过长期实践,除完整继承了吴派琴风之简劲清和的特点外,还把吹拉弹唱的技艺融会贯通于古琴演奏,逐步形成了严谨、精准、松灵、激情的个人演奏风格,并不失传统文人琴的人文精神。

裴金宝先生精研斫琴三十多年,除制作音声精良富有传统韵味的新琴外,仿古断纹琴在圈内广受好评。

其代表论文有《阴阳学说与古琴》《龙——赋予中国古琴神圣

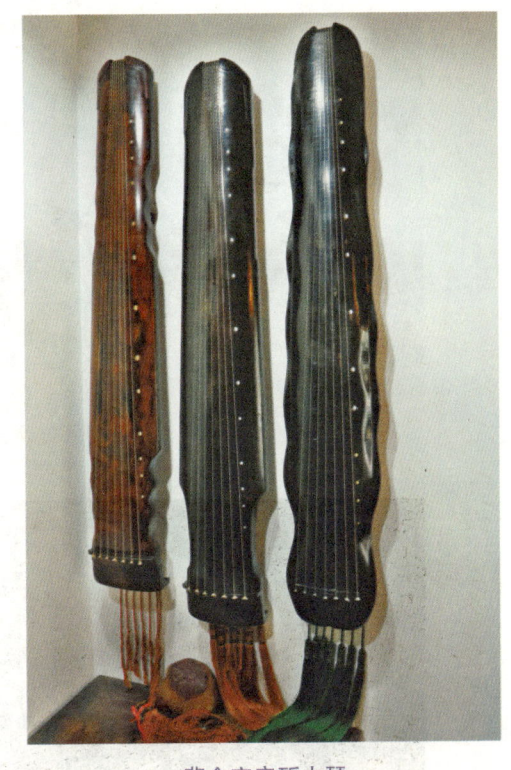

裴金宝亲斫古琴

意味的文化内涵》《古琴修复研究笔记》等。出版了名为《秋湖映月》的古琴CD,对古谱《离骚》《秋江夜泊》《阳关曲》《客窗夜话》进行打谱,使其重新焕发活力,吴门唱谱和琴歌被中央音乐学院和北京古琴研究会录制并永久保存。

裴金宝先生多次在北京大学、复旦大学、苏州大学等大专院校、南京博物院、浙江博物馆、苏州博物馆等场馆举办个人讲座及独奏音乐会。2016年4月,在苏州市公共文化中心举办的"品苏"系列手艺体验中为观众现场讲解手艺传承历史、演示手艺工序流程,邀请观众现场"学艺"。

裴金宝先生至今已培养琴生三百余人,学生遍布全国各地,以及美国、澳大利亚、新加坡、韩国等国家。其学生还在北京、上海、青岛、石家庄、澳大利亚等地成立了琴社、琴馆,每年在家接待全国各地琴人、词人等文人500人以上,将吴门古琴不断传承与发扬。

吴门古琴慕课截屏之一

吴门古琴慕课截屏之二

吴门古琴慕课截屏之三

裴金宝古琴教学目前初步设计的课程大纲如下所示：

第一课，古琴艺术简介	1	古琴简介，别称
	2	古琴与古筝的区别
	3	古琴的主要演奏形式
	4	琴曲欣赏《忆故人》
第二课，古琴的历史	1	古琴的传说（神农伏羲制琴）
	2	古琴的历史沿革
	3	现今古琴的发展
	4	琴曲欣赏《双鹤听泉》
第三课，古琴的结构及样式	1	古琴常见样式
	2	古琴的内部结构
	3	琴轸、雁足等配件
	4	琴曲欣赏《酒狂》
第四课，古琴的斫制	1	选材、赋形
	2	挖槽腹、调音
	3	髹漆、上弦
	4	琴曲欣赏《老阳关三叠》
第五课，传世名琴鉴赏	1	传世唐代名琴鉴赏
	2	传世宋代名琴鉴赏
	3	传世明代名琴鉴赏
	4	琴曲欣赏《仙佩迎风》
第六课，古琴的流派	1	吴声、蜀声之说
	2	浙派、虞山派与吴门琴派、广陵派、蜀派
	3	岭南派、九嶷派、诸城派、梅庵派
	4	琴曲欣赏《客窗夜话》

（续表）

第七课，古琴的挑选，琴桌的选择	1	古琴的音色
	2	演奏的称手
	3	琴桌的选择
	4	琴曲欣赏《白雪》
第八课，弹琴的坐姿，指甲的修剪与养护	1	古人弹琴的规矩
	2	坐姿
	3	指甲修剪与养护
	4	琴曲欣赏《石上流泉》
第九课，古琴减字谱	1	古琴记谱方式的演变
	2	减字谱的读谱规则
	3	现代教学谱式说明
	4	琴曲欣赏《鸥鹭忘机》
第十课，古琴唱谱	1	唱谱简介
	2	唱谱对古琴学习的帮助
	3	唱谱演示
	4	琴曲欣赏《秋江夜泊》(弦歌版)
第十一课，古琴的常用指法	1	右手指法简介
	2	左手指法简介
	3	常用指法练习：勾、挑
	4	琴曲欣赏《离骚》
第十二课，泛音，按音练习，学习调弦曲	1	泛音练习
	2	按音练习
	3	调弦曲练习
	4	琴曲欣赏《平沙落雁》
第十三课，学习琴曲杏坛吟	1	琴曲练习
	2	琴曲欣赏《梅花三弄》
第十四课，学习琴曲黄莺吟	1	琴曲练习
	2	琴曲欣赏《良宵引》

在以上基础上，计划由业务干部和技术人员来共同组建教学团队，通过与两位教师的深入沟通，录制"微""短"教学视频，同时配套教学课件、作业练习、话题讨论及考试试题的设计来完善慕课课程的制作。

特色项目9
"文化馆+互联网:助力全民艺术普及"论坛

2016年9月1日上午,宁夏银川国际交流中心黄河1厅座无虚席,由文化部全国公共文化发展中心、中国文化馆协会数字文化委员会承办,苏州市公共文化中心协办的2016年中国文化馆年会"文化馆+互联网:助力全民艺术普及"论坛隆重举行。

在"互联网+"时代,文化馆行业亟须融入公共数字文化体系,运用互

论坛主席台嘉宾

联网思维，应用数字化技术与手段，探索文化馆数字化途径与模式，提升文化馆全民艺术普及服务效能。

论坛由国家公共文化服务体系建设专家委员会主任委员、北京大学教授主任委员、北京大学李国新教授主持，来自文化部公共文化司、国家公共文化服务体系建设专家委员会、文化部全国公共文化发展中心、数字文化馆试点单位的有关领导、专家及代表作为论坛嘉宾，围绕文化馆评估大数据分析、全国数字文化馆发展现状及展望、数字文化馆试点典型案例等主题发表了精彩演讲与点评。

文化部公共文化司副司长白雪华莅临论坛，提出了对数字文化馆的4点期待。

数字文化馆没有经验可以借鉴，是依靠各位专家的研究和各地方馆的实践摸索出来的。未来数字文化馆是什么样的形态？数字文化馆应实现哪些功能？《2016数字文化馆服务典型案例汇编》（年会会刊之一）的四种分类基本代表了对数字文化馆的期待。

《2016数字文化馆服务典型案例》汇编的封面与封底

第一种：线上线下互动

线上线下互动主要是来源于杭州群艺馆的实践。杭州群艺馆开设网站，把节目菜单放在网上，让老百姓享受远程点单式服务。

第二种：网络互动培训

这方面做得比较好的是重庆市北培区文化馆，通过远程培训技术，在各个街道可以同步享受到区文化馆的舞蹈等培训辅导。

第三种：体验空间

现在做体验馆的非常多。出发点是现在中青年、青少年基本对文化馆没什么兴趣，怎么吸引他们走进文化馆呢？所以设计了体验馆，通过数字书法体验、数字舞蹈体验等把年轻人吸引来，让他们知道文化馆是干什么的。

但并不是通过数字体验馆培养出年轻人的兴趣，就完成任务了。现在很多地方如马鞍山、绍兴等地，都很好地将体验馆与本馆的主体业务相结合了。体验馆培育兴趣，有了兴趣后可以提供后续公共文化服务。例如，通过数字书法体验培养出了对书法的兴趣，就可以参加文化馆提供的书法培训班。

第四种：网络化管理

文化馆需要信息化手段加强管理。例如重庆公共文化物联网，可以把重

《2016数字文化馆服务典型案例》汇编

庆直辖市内各个文化馆有的资源都放在网上,实现内部资源的流通。

数字文化馆的发展方向

在政策、经费、研究到位之后,下一步,一方面加强资源架构能力,形成数字化的中国民间民族文化资源。另一方面,将数字化资源和文化创意产品开发相结合。

2015年6月,文化部进行了第4次全国文化馆评估定级工作。随后,组织对全国3 119所文化馆在评估定级填报系统中填报的8大类,105个指标,35万个数据进行统计分析。截至2014年底,全国共有文化馆3 477所,参评馆3 119所,参评比例约90%。李国新教授在文化馆评估大数据分析研究成果报告中总结了中国文化馆发展的7大现象。一是文化馆事业快速发展,成就斐然;二是不均衡现象仍在延续,呈中部洼地现象;三是贫困县文化馆事业接近或达到全国平均水平任务艰巨;四是副省级馆势头强劲,省级馆发展相对滞后;五是服务效能有待进一步提高;六是错时开放比例偏低;七是社会力量参与文化馆服务刚刚起步。

论坛现场

国家公共文化服务体系建设专家委员会委员、文化部全国公共文化发展中心副主任罗云川，在2016年全国数字文化馆发展现状及展望的演讲中，就数字文化馆最新进展、2016年最新亮点、下一步发展趋势等三方面做了阐述。

一、数字文化馆最新进展：

1. 数字文化馆试点持续推进

2. 数字文化馆资源建设方兴未艾

3. 公共数字文化项目与数字文化馆全面对接

4. 各地数字文化馆建设与服务不断创新

二、2016年最新亮点：

1. 线上与线下结合服务效果凸显

2. 网络直播激活人气

3. 网络化协作扩大资源共享

三、下一步发展趋势的思考：

1. 线上线下结合——文化馆服务的未来主形态

2. 网络化协作与治理——文化馆总分馆体系的骨干支撑

3. 慕课+沉浸式教学——文化艺术普及的新形态

4. 大数据助力精准服务与精准扶贫

在典型案例交流环节，江苏省苏州市公共文化中心就数字文化馆的三维呈现与体验、安徽省马鞍山市文化馆就数字文化馆的数据采集与呈现、福建省厦门市文化馆就数字文化馆联合网的建设与服务、广东省深圳福田区文化体育中心就主题馆的O2O服务、浙江省丽水市莲都区文化馆就"乡村春晚"的网络化探索，进行了交流。

国家公共文化服务体系建设专家委员会委员、文化部全国公共文化发展中心副主任罗云川、国家公共文化服务体系建设专家委员会委员、上海社科院研究员巫志南、国家公共文化服务体系建设专家委员会委员、华东师范大学教授金武刚、国家公共文化服务体系建设专家委员会委员、浙江大学城市学院副教授阮可、中国文化馆协会数字文化委员会主任委员、苏州市公共文化中心主任曹俊等专家，就上述案例分别作了精彩的点评。

巫志南研究员提出了两个建议：一个建议就是抓住文化馆特点。文化馆首先是生产单位，生产单位第一要创作生产，第二要提供服务，第三要组织社会，第四要系统管理。数字化如果不抓住这四个环节，数字化搞不到一定程度。创作生产，提供服务、组织社会、系统管理都必须用数字化的手段，如果仅仅局限于文化馆原来的服务，不需要用那么高的技术。用互联网的思维解决的，要结合文化馆的特点，不能停留在原来图书馆的水平。因为文化馆的业务服务远远比图书馆要复杂得多，所以实际上文化馆比图书馆应该有更高数字化的应用水平。

另一个建议，就是要通过数字化手段实质性地带动文化馆的转型升级。

第一，超越机构短暂阶段。数字化的特点就是开放、智能、交互、多频、供需合一、共享，这就是互联网。从一个水塘到一个水厂，再到一组水厂的联网，仅仅是物质领域的思维，还不是一个互联网的思维。因为我们面对的人群，不是物质产品而是精神产品的需求者，活生生的人，是我们的服务对象，是具有创造才能的人，需要互动。不是简单地把水送到每家。

第二，超越服务上门阶段。不仅仅是原来的文化馆的服务上门，要向服务创新和平台支撑提升。服务要创新，光靠文化馆不行，要面向全社会，你提供平台的支撑，绝对不能眼睛就看着文化馆自己，开放平台为全社会所利用。开放创新型的服务，然后就是公平的、多元化地利用这个平台，这才是现代的概念。

第三，超越泛化内容阶段。假如说你打开你的朋友圈，所有内容基本都是泛化的。主题不集中，信息碎片化，这就是朋友圈。我们的文化，不是一个朋友圈，不是以特定对象为对象，而是不特定对象为对象，所以我们文化馆还得超越这泛化内容的阶段，要打造核心内容，打造特色内容。如果文化馆必须把精力花在拳头产品上，

第四，超越单体实施阶段，向服务体系提升。所谓组织社会，指的就是组织体系，文化馆长第一本领是组织本领，就是把整个城市的老百姓，一波一波地组织起来，喜欢文化艺术，通过数字文化手段，纳入到这个系统，这才是你的真本事。所以我说第一功能不是唱歌、跳舞，而是组织。

第五,超越孤岛,向系统管理提升。目前每个馆都只管自己,但是现在深化改革组要求要推广文化馆的总分馆体系,必须把文化馆、乡镇文化站、村社区的文化室管起来。所以必须建立一个数字化的管理系统,如果没有这个管理系统,我们的管理水平就会非常低。

第六,超越需求调研的应景化,随机化。目前的需求调研基本都处在这个水准。所以我们要利用数字的手段,大数据的手段,把大数据的功能嵌入到你的设施,嵌到你的云服务。然后再精准地采集,后提供你的技术资质。"互联网+"不是一个简单的一个事情,千万别把这个事情想成三个月就能搞定。

近600个席位的报告厅,坐满认真聆听的来自全国各地的文化馆同行,原定11:30分结束的论坛,持续到12:10才结束。论坛议程结束了,但留给我们的思考还在继续,我们要做的事情还很多。让我们一起努力,文化馆+互联网,为助力全民艺术普及而加油!

论坛主办方代表接受年会颁奖

特色项目10
《数字文化馆》著作

2016年6月,由苏州市公共文化中心(文化馆)联手北京大学组建的课题组,完成了《数字文化馆:网络平台与实体空间》著作撰写工作,得以公开出版,推动了数字文化馆理论研究和建设实践走向深入。

自2011年我国开展公共文化服务体系示范区创建以来,特别是2012年中国文化馆协会成立以来,文化馆的数字化建设引起了业界的高度重视。公共文化示范区创建标准和第四次全国文化馆评估定级标准,都对文化馆的数字化建设提出了要求,文化共享工程基层点建设和数字资源建设开始向文化馆领

著作书影

域延伸,2015年全国公共文化发展中心还在全国10个由省到县不同层级的文化馆开展数字文化馆建设试点工程,全国基层公共文化队伍培训也强化了数字文化馆的内容。认识的提高再加上一系列扎实的举措,推动我国数字文化馆建设走上了快速发展的道路,短短两三年,就涌现出了重庆市北碚区文化馆、安徽省马鞍山市文化馆、江苏省苏州市公共文化中心、江苏省张家港市文化馆、浙江省平湖市文化馆等一批数字文化馆建设的先行探路者。这本专著就是跟踪我国数字文化馆建设开展基础理论研究、国际经验借鉴、国内实践总结而形成的阶段性成果。

著作封面与封底

所谓数字文化馆,包括网上文化馆服务和文化馆实体空间的数字化、智能化建设。前者实际上就是"互联网+文化馆服务",最终形成的是文化馆的远程服务能力;后者是集成和应用现代科技成果和信息技术,打造文化馆数字化、智能化实体空间,提供体验式、交互式、令人耳目一新的文化馆服务载体、形态和样式。这本专著的内容就在这两个维度上展开。"网络平台"部分,主要是结合国内网上数字文化馆建设的实践,分析总结网上文化馆的基本功能、基本形态和主要实现方式,目的是逐步厘清网上文化馆该做什么、能做什么、怎样把该做的功能做好,怎样体现网上文化馆服务的特点。"实体空间"部分,课题组发挥团队优势,引进和介绍了国外与我国文化馆类似机构打造实体数字空间的做法和经验。在我国,文化馆建设实体数字空间是一件全新的事情,唯其如此,他山之石的启发和借鉴作用尤为重要。同时我们也认识到,文化馆实体数字空间建设完全有可能触发和带动出一个专用设备制造、专门系统研发的新的产业增长点,形成公共文化和文化产业相互促进、协调发展的有力抓手。

数字文化馆建设在我国虽然时间不长,但已经在创新服务方式、增强服务能力和提升服务效益上显示出了优势。马鞍山、张家港、平湖等地的体验空

著作内页插图

间把文化馆传统的吹拉弹唱、琴棋书画等服务内容搬到了全新的数字化、智能化空间,服务方式令人耳目一新,文化馆服务的吸引力大为增强。苏州公共文化中心研发的"大型数字互动墙",集成和应用了多点触摸、红外遥控、增强现实、无线联网等现代技术手段,把单幅作品展示和馆藏资源数据库乃至异地资源联为一体,极大拓展和延伸了展示内容的广度和深度,彻底改变了文化馆、美术馆等机构传统的展览展示方式。嘉兴开发的"文化有约"网络服务平台,整合全社会的公共文化资源、内容和服务,实现了公共文化服务由"政府配送"到"百姓点单"的转变,全新的公共文化活动"网络众筹"模式也在探索之中。"互联网+文化馆服务"还开创出了群众文化活动线上线下相结合的新模式。全国公共文化发展中心和中国文化馆协会组织的"全国百姓广场舞活动",把网上展播、省内交流、区域联动、全国展演融为一体,网上展播吸引百万以上人次点播,线上线下联动,公众参与盛况空前;浙江丽水"乡村春晚"的现场演出通过中国文化网络电视传播到了全球21个国家和地区,极大拓展了传播效能。所有这些,依靠文化馆传统的服务方式去实现是难以想象的,它昭示了数字文化馆服务的巨大潜力和广阔前景。

这本专著对我国数字文化馆建设实践的总结和提炼,以及对国外情况的介绍评析都还是初步的。希望能够起到抛砖引玉的作用，引发出更多的相关研究，由此改变我国数字文化馆理论研究探讨、实践总结提炼几乎空白的局面。可以预期，"十三五"时期将是数字文化馆建设快速发展的时期，让所有的文化馆具备数字资源提供能力和远程服务能力，让文化馆服务真正与"互联网+"和智慧城市建设深度融合，是构建现代公共文化服务体系的时代任务。

著作编写研讨现场

附 录

理论研究
数字文化馆服务功能新形态

数字文化馆服务功能新形态
——苏州市公共文化中心创客空间建设研究

一、引言

苏州市公共文化中心成立于2011年9月，由苏州市委市政府将原有的美术馆、文化馆、名人馆等8家机构整合而成，是隶属于苏州市文广新局的副处级公益一类事业单位。瞄准未来五年基本实现管理运行的现代化，基本实现各项现代公共文化服务职能，基本实现具有国际影响、代表国际一流水准的发展目标，苏州市公共文化中心决心加快推进"世界一流美术馆建设、国内一流艺术博物馆群建设、国内一流名人专题博物馆建设、全民艺术普及服务平台建设、'互联网＋'现代公共文化服务建设"等十大建设。尤为重要的是，以数字文化馆建设为引领，充分运用互联网、多媒体、新媒体等技术手段，加快与现代科技、"互联网＋"深度结合，全面转型升级服务的内容和形式，将助推苏州市公共文化中心迈开更加雄健的发展步伐，让最新的、最有吸引力的、最优质的文化成果惠及更多市民群众。

李克强总理在2015年初探访深圳柴火创客空间时，提出了著名的大众创业、万众创新的号召。一时从城市到乡镇，从大学到图书馆，涌现出众多创客空间，名称各异，性质相同。2015年3月11日，国务院办公厅发布了《关于发展众创空间推进大众创新创业的指导意见》，提出推进创客空间发展的八项重点任务，包括加快构建众创空间、降低创新创业门槛、鼓励科技人员和大生创业、支持创新创业公共服务、加强财政资金引导、完善创业投融资机制、丰富创新创业活动和营造创新创业文化氛围等，标志着鼓励创客空间的发展已成为一种国家政策。

2014年，苏州市公共文化中心策划实施"数字文化生活体验馆"项目，成功入选文化部科技创新项目。2015年，中国文化馆协会数字文化委员会落户在苏州市公共文化中心；成功入选全国首批十家数字文化馆试点；策划实施的《数字文化馆及数字文化体验空间的构建研究》入选2015—2016年度国家公共文化服务体系制度设计研究课题。在此基础上，苏州市公共文化中心着力研究建设"创客空间"项目，重点服务在苏州起步创业的青年人群，努力打造成为新苏州青年的文化创意空间、开放共享的社交空间、精神寄托的心灵空间。

二、创客空间概念

"创客"一词来源于英文单词"haker"，原指热爱编程，善于改造计算机的"黑客"。逐渐黑客与创客文化有机结合，"maker"一词代替了"hacker"，翻译为创客或魅客，意指努力把各种创意转变为现实的人。创客空间（英文为maker space或hacker space）指为创客们提供实现创意和交流、互动和创新及创意思路和产品化相结合的场所。创客们通过提供的开放社区、虚拟空间、原型加工设备以及组织相关的聚会和工作坊等环境，促进知识分享、消费、跨界协作以及创意的实现以至产品化。

"创客运动"一词最早由安德森在其著作《创客：新工业革命》中提出，它的最初生命形态是一种全新的商业运作模式与生产方式。创客是创客运动的实践主体，创客空间是创客运动的载体和存在基础。"创客空间"的英文名称很多，常用的有hacker space、hack space、hack lab、maker space、maker lab、creative space等。"创客空间"的提出及其概念出自著名的《创客杂志》："它是一个真实存在的物理场所，一个具有加工车间，工作室功能的开放交流的实验室、工作室、机械加工室。"

"创客空间"具有3个鲜明特点：（1）任何人都可以使用数字工具设计出

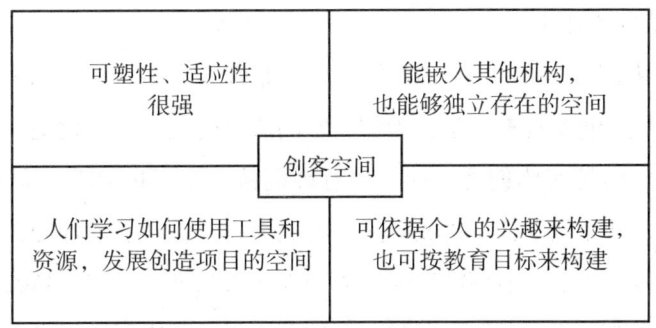

新产品模型，任何人都可以将新产品模型进行分享。（2）在社区中分享设计成果、开展合作已成为一种文化，即创客空间代表的并非资源和空间本身，而是一种协作、分享、创造的人生理念。（3）不仅能促进技能学习，还能推动人类知识创新，成为新兴产业的发源地。

三、创客空间在国内外的兴起

据创客空间WIKI社区的统计，全球目前已有超过1 000多个"创客空间"，主要集中在欧美国家。美国"创客教父"米奇·奥德曼在《世界需要创客》一文中提到过一组数据："2007年时，全球仅有40个创客空间，大部分在德国，如今这一数字已增长到1 300个，遍布世界各地。"我国国内有包括北京的"GK Fab""YFF""FlamingoEDA OpenSpace"；上海的"新车间""88 Spaces"；广州的"HTG""HackerSpace@GZ"；深圳的"柴火""SZDIY"；成都的"Tinymake""I 成都"；南京的"南京创客空间"；常州的"Largo"在内的约70个"创客空间"。

2010年，上海新车间成为国内第一家创客空间，之后在上海又陆续成立蘑菇云创客空间、IC咖啡、蚂蚁创客空间、上海创客中心、博济创客帮、AC117等创客空间。上海的创客空间规模普遍较小，领域涵盖智能机器人、生态农场、智能家居等方面。此外，在上海还有苏河汇、鸣新坊等天使投资机构及小小创客等创客教育组织，并成立了有近40家创业服务组织的上海众创空间联盟。上海市人民政府发布"创业浦江行动计划"，提出2020年上海将成为全球创客最佳实践城市，集聚20万人创业，创业企业超过3 000家，形成100

个创新联盟的宏伟目标。

北京是中国互联网中心,高校云集,拥有丰富的艺术和设计人才资源。更为关键的是,创投资本密集,为创客空间成果转化和产业化提供了保障。既有北京创客空间等实体创客空间,也有硬创帮、北京IC咖啡、创研工坊等专注智能家居、可穿戴设备、集成电路三物联网设备的智能硬件创客空间,以及清华创客空间、北京大学创客空间、中国农业大学创客空间等高校组织成立的创客空间。此外,北京众创空间联盟等创客空间服务组织还提供投融资、制造加工、市场营销、终端消费、教育培训、创业导师等在内的专项服务。

深圳以其优良的创业土壤和全球最完整的电子制造产业链,吸引了超过1万名创客,集聚了包括柴火创客空间、开放制造空间(Tech Space)、深圳DIY社区(SZDIY)、开源创客坊、豆芽创客空间、艺术创客园地(AMG)、天空创客联盟、中科院创客学院等10余家创客空间。深圳是全球8个经联合国教科文组织认定的"设计之都"之一,在工业设计、艺术设计等领域处于国内乃至世界领先水平。

国内其他创客活跃的地区包括成都、广州、武汉、天津、南京、杭州等地。比如,杭州依托良好的互联网产业基础,成立了洋葱胶囊、杭州创客空间(西湖创客汇)等创客空间,产业领域涵盖指纹唱片机、安防等方面。从整体上看,国内的"创客空间"仍属于初创阶段,创意来源也主要来自国外的开源网站,尚未形成有显著特色可持续发展的模式。但这样一个小众群体,却被寄予厚望,作为带动"大众创业、万众创新"的重要力量之一,已将潜力无穷的产品、致力创新的精神、开放共享的态度带入了国内。

四、创客空间与数字文化馆

20世纪90年代以来,以互联网、信息化为代表的新技术革命,不仅极大地推动了经济社会发展,而且极大地改变了人民群众的精神文化生活方式。与此相适应,以用户为中心、以社会实践为舞台、以共同创新、开放创新为特点的用户参与的创新模式极大地促进了知识和创新共享和扩散。在这些新趋势、新浪潮推动下,我国文化馆正在向实现数字时代服务转型升级而跋涉。特别是

2011年我国开展公共文化服务体系示范区创建以来，文化馆的数字化建设引起了业界的高度重视。2015年，文化部全国公共文化发展中心启动在全国10家文化馆开展数字文化馆建设试点。一系列的扎实举措，推动我国数字文化馆建设走上了快速发展的道路。

所谓数字文化馆，就是指网上文化馆服务和文化馆实体空间的数字化、智能化建设。前者实际上就是"互联网+文化馆服务"，最终形成的是文化馆的远程服务能力；后者是集成和应用现代科技成果和信息技术，打造文化馆数字化、智能化实体空间，提供体验式、交互式、令人耳目一新的文化馆服务载体、形态和样式。数字文化馆建设在我国起步不久，但已经也必将在创新服务方式、增强服务能力和提升服务效益上显示巨大优势。可以预期，"十三五"时期将是数字文化馆建设快速发展的时期，推动文化馆服务真正与"互联网+"和智慧城市建设深度融合，是构建现代公共文化服务体系的时代任务。

创客虽然还未有权威的标准定义，但其特征鲜明，如拥有创新想法，并通过硬件创造、软件开发、设计等手段，努力把创新想法变为现实并乐于和他人分享。由此，创客不仅包含了"硬件再发明"的科技达人，还包括了软件开发者、艺术家、设计师等诸多领域的优秀代表。自觉以最广大人民群众为服务对象和表现主体，在人民群众的生动实践中进行美的发现和创造，是贯彻落实习总书记在文艺工作座谈会上重要讲话精神的最好举措。这在实质上与创客活动开放、合作、共享同时鼓励每位参与人创新创造的特质是极为契合的。文化馆是写进我国《宪法》的重要公共文化机构之一，连接服务着广大人民群众，以其独特的业务形态、内容载体和服务方式，在引领社会风尚、丰富人民群众精神文化生活、提升全民族文化艺术素养等方面发挥了重要作用。数字文化馆建设可以考虑引入创客空间模式，作为新型的数字服务手段，在普遍参与、创新共享方面发挥积极作用。

五、创客空间建设思考

苏州手工艺门类众多，在全国工艺美术11大类中，苏州拥有10大类共

3 000余个品种。其中,有联合国教科文组织"人类非物质文化遗产代表作"6项,居全国各类城市之首;有国家级非物质文化遗产代表性名录项目29项,列全国同类城市前茅。近年来,苏州大力扶持文化创意产业的发展,举办连续五届中国苏州文化创意设计产业交易博览会,带动全国文化创意产业的发展。2014年,苏州成功加入联合国教科文组织创意城市网络,成为"手工艺与民间艺术之都"。

在这样深厚的文化创意土壤上,苏州市公共文化中心将探索公益性文化机构开展交流、展示、制作、传播等创客服务的先行先试。针对善于灵活运用时下流行的思维方式、技术手段和本身所拥有的专业技能,把属于自己独创的创意设计想法变现为文创成果的新苏州青年,通过交流、自主设计、动手制作、现场与网络作品展示、组织策划交流学习活动、产品众筹等一站式服务,为青年提供一个实体和虚拟相结合的持续发展的服务空间,引领现代都市文化的培育和升华。

1. 服务功能

(1)为创客提供活动空间及交流、展示、制作、传播相关的设施和服务。活动空间分为实体空间和虚拟空间。实体空间配置常规设备工具和各主题活动专门设备。主题活动设备可以采用租借、行业赞助、参与活动者自备等方式;常规设备可结合电子阅览室的提档升级择需选配,如3D打印机、3D扫描仪、互动拼接屏等软硬件设备。虚拟空间由各数字化支撑服务平台组成,配合实体空间提供相关配套服务。

(2)开设创客课程和工作坊。围绕工艺品制作、服装设计、平面设计制作、3D打印、视频制作、摄影、漫画设计等开设创客课程讲座、并提供培训、实践和交流机会。

(3)开辟互联网+创客空间。通过虚拟空间的拓展,实现多终端跨平台的内容组织和发布,与国内外创客相互联系与共享。

2. 实体空间

为体现苏州文化底蕴和高科技时尚相融合特色,创客实体空间分为演播互动区、展示体验区和数字阅览休闲区等,相互之间可以根据活动周期内容进行灵活组合。

（1）演播互动区。主要为苏州创客文化的传播、交流和运营，配备虚拟演播系统（含网上直播功能）、论坛、培训、讲座配套服务系统。

（2）展示体验区。主要为苏州传统文化的多终端跨平台创新展示和体验，配备多媒体展示系统、按活动配置的工作坊配套服务设备如工具架、工作台、手工艺产品展示墙等、作品3D扫描、3D打印机、AR增强现实制作系统、高新科技产品体验（机器人、虚拟现实头盔、传统服饰虚拟试衣镜等）。

（3）数字阅览休闲区。主要为大众和创客的真正社交实现，设置为数字阅览室、咖啡休闲设施等。

3. 服务支撑平台

作为集展示、活动、交流、互动等多种功能为一体的综合服务设施，苏州市公共文化中心创客空间除了独具特色的实体空间外，还需建设一套强大、完善的用户服务支撑平台与之相配合，使硬件与服务相融合，最大程度发挥出创客空间的功能特色。该服务支撑平台主要为多终端跨平台内容组织和发布，由基础运行、数据提供、应用和服务等平台构成，可包含10个方面的内容：主题活动及配套服务；数字阅览服务；三维扫描、打印体验；高科技产品体验；演讲、交流、展示、传播平台；信息组织和发布平台；文化创客专题网站；基础运行平台；微信平台；移动应用平台。

4. 主题活动

围绕民间手艺，将新苏州青年、创意设计人士、设计院校与设计专业机构相结合，通过整合社会力量开拓主题创客空间，拓展专题活动，为用户提供实践和创新的平台。

一方面，在活动设计上，可设计开展6类不同类型的活动：(1)开设创客课程和工作坊；(2)与各大高校工艺、服装等专业合作，开展毕业季展示活动；(3)定期举办主题论坛、产品展示，并配合线下体验与销售；(4)与各院校合作，结合学生的文化创意创业项目，开展相关的主题交流；(5)培育文化群体，常设微电影展演制作活动；(6)组织创客开展各类主题竞赛，对优胜者予以激励，以吸引更多的新苏州青年加入创客空间活动。另一方面，可根据活动内容，设计提供3种配套服务：（1）由创客自己提供相应配套设备；（2）由行业企业资助提供；（3）由创客空间运营项目团队配合提供。这三种方式可配合应用，基础的演讲、交流、展示、传播平台及相关服务由创客空间提供。

5. 运营模式和运营团队建设

可充分借鉴国内外创客空间成功的运营经验，结合自身建设的指导思想、目标和特色，逐步建立可持续运营和发展的运营模式和运营管理团队。运营可遵循"公益托底、绩效评价、滚动招募"的原则，围绕着各类特色主题活动、相关设备使用、产品展示和创客管理展开。管理可实行会员制管理，分成体验会员、普通会员和VIP会员等不同层次，享受不同的空间和设备使用权益，对优秀创客项目和团队可予以优惠或免会员费待遇。同时可考虑品牌的运营，结合"互联网+"与O2O的模式，通过微信、微博，与各大传统媒体与自媒体，进行全面的线上线下创新交流与创客产品推广。运营启动和长期有效实施可采用自行培训、与院校合作、服务外包等方式。在此基础上，创客活动的开源分享机制可吸引各种不同身份的创新者和爱好者，形成一个跨界的文化活动。与其他的创客空间之间，也可形成了一个全球性的创新网络，分享资源和人才。

期待我们打造的创客实体和配套服务，能够成为一个新的思想剖面、一个交流互动的社区、一栋感人的空间，最终能够培育每一位新苏州青年生活中的美好。

方案设计
志愿服务工程组织

苏州市民文化艺术素养提升志愿服务工程组织方案

一、引言

近年来,全国文化志愿服务活动在丰富群众精神文化生活、推进基层文化建设等方面发挥了积极作用。党的十六大以来,特别是中央文明委制定下发《关于深入开展志愿服务活动的意见》以来,志愿服务活动在全国越来越广泛地开展起来。党的十七届六中全会将文化志愿服务纳入加强基层文化队伍建设的重要内容,提出"壮大文化志愿者队伍"。文化志愿服务工作已成为公共文化服务体系建设的重要内容。

(一)目的、意义与指导思想

1. 目的

苏州市民文化艺术素养提升志愿服务工程(以下简称"工程")旨在发挥苏州人才资源的优势,培育一支高质量的文化志愿者队伍,建设一套完善的文化志愿工作管理长效机制,提升苏州广大市民的文化艺术素养。

2. 重要意义

文化志愿服务是志愿服务工作的重要组成部分,是提升市民文化艺术素养的有效途径。工程有利于充分发挥人民群众文化创造积极性,让蕴藏于人民群众中的文化创造活力得到充分发挥;有利于推动群众性文化活动广泛深入开展,满足人们精神文化需求;有利于引导人们在服务他人、奉献社会过程中践行道德规范、提升道德境界;有利于吸引优秀文化人才服务基层,为全面提升市民文化艺术素养提供人才支撑。

3. 指导思想

以邓小平理论和"三个代表"重要思想为指导，深入贯彻落实十七大精神和科学发展观，牢牢把握社会主义先进文化前进方向，以满足人民日益增长的精神文化需求、提升市民的文化艺术素养为目标，坚持以人为本、服务群众，贴近实际、贴近生活、贴近群众，不断壮大文化志愿者队伍，努力构建参与广泛、形式多样、活动经常、机制健全的文化志愿服务体系。

(二)志愿者规模

为实现苏州市民文化艺术素养提升的最终目标，两年内，苏州市文化志愿者人数要占本地区总人口比例的千分之五；五年内，这一比例要达到百分之一(《全国城市文明程度指数测评体系(2013版)》在重点工作的要求中指出：注册志愿者人数占城市建成区常住人口的比例≥8%。而对于文化志愿者，目前尚未有国家层面明确、统一的规定，但第一批国家公共文化服务体系示范区中期检查的各项指标中，对优秀地区提出千分之二的目标值，上述规模由此得出)。

(三)志愿者任务

建立顺畅的文化志愿者沟通交流渠道；形成组织结构完备的志愿者队伍；开展群众喜闻乐见的展览、演出；指导群众业余文化活动的开展；收集和创作反映苏州建设成就和苏州市民风貌的文化艺术作品；积极宣传推广文化志愿精神。

(四)志愿者与基层队伍的关系

文化志愿者，是基层公共文化人才队伍的重要组成部分，协助基层文化队伍提供服务，但志愿者不能完全替代专职工作人员，二者是分工协作而非替代关系。

二、体制

(一)政府

苏州市党委、政府为宣传、鼓励各种社会力量参与工程提供政策支持，并设立专项发展经费，保证专款专用。

（二）中心

苏州市公共文化中心（以下简称"中心"）作为工程监管机构，对申报文化志愿者的个人或团体进行审核登记。

（三）部（各馆）

中心隶属各部（苏州市文化馆、苏州市美术馆、苏州市名人馆、吴作人艺术馆/苏州书法篆刻艺术院、颜文樑纪念馆/苏州油画院、苏州版画院/苏州桃花坞年画博物馆、杭鸣时粉画艺术馆/苏州粉画艺术院、苏州公共艺术研究院）作为志愿者提供服务主要阵地，是连接中心与各类志愿者的纽带。

（四）协会

成立挂靠中心的苏州市民文化艺术提升志愿者协会（以下简称"协会"），实行理事会管理日常事务制度（苏州市公共文化中心统一监管运行，各部、场馆的工作人员从旁协助指导）。协会设理事长1名，常务理事长1名，理事会成员5名，并依照各部的需求，成立相应的分管委员会。

理事长、常务理事长由选举产生，理事会成员由各部推选产生，任期均为5年（理事会成员需为在经济、文化艺术、教育等领域较有成就的知名人士代表，有能力为市民文化艺术素养提升献计献策）。各分管委员会包括：

1. 宣传推广与招募委员会。该委员会应由不少于1名理事会成员组成，其他成员由理事会和分部部长任命。该委员会目标在于协助中心进行市民文化艺术素养提升教育服务与活动，为中心提供有效服务所必需的各种宣传与咨询支持，同时负责对文化志愿者的招募管理工作。

2. 资金项目委员会。该委员会应由不少于1名理事会成员组成，其他成员由理事会和分部部长任命。该委员会目标是对文化志愿者参与活动涉及的各类资金进行持续审查，并对各项文化志愿者相关支出进行稽核审计。

3. 场馆服务委员会。从理事会、各项服务主要参与志愿者代表中选取1名作为该委员会成员。所有文化志愿者均可申请参加该委员会。其任务重点包括场馆日常上岗服务、场馆内秩序维持与导览服务、场馆内讲解服务等安排。

4. 展演与研究委员会。从理事会、重大展演活动与研究项目主要参与志愿者等代表中选取2名作为该委员会成员。其他成员主要由常年活跃在各场馆演出团队成员（包括舞蹈队、声乐队、戏曲队、评弹队、cosplay表演团队、摄影爱好者团队等），以及对苏州地方名人、地方传统文化资料搜集、整理与研究的志愿者组成。

5. 技术服务委员会。该委员会应由不少于1名理事会成员组成，其他成员由理事会和分部部长任命。该委员会的目标包括协助中心开发、建立与维护技术基础设施和志愿者沟通交流平台，协助网站、微博、豆瓣、网络内容开发。

三、管理机制

（一）分类指导

文化志愿者基本素养通用培训由中心统一负责，具体服务培训由中心各部与协会协商进行。

1. 专家型志愿者

专家型志愿者主要针对苏州历史文化传承和历史名人等相关资料进行搜集、挖掘、整理与研究。此类志愿者多为大专院校的教师、科研人员及学生。中心为其提供研究平台。

2. 专业型志愿者

专业型文化志愿者主要由苏州市各艺术院校的教师、学生、离退休艺术家及社会各界专业团体、专业爱好者组成，需要艺术提升指导和多种层级的演出机会。

3. 普通志愿者

普通文化志愿者需要包括沟通技巧、礼仪、冲突处理、团队协作与管理、组织能力、安全防范、医疗急救常识等基础知识培训，以及各服务场馆机构设置、人员构成、工作规程、工作时间、所需遵守的业务规章等相关培训。中心组织专人编写培训教材、培训手册。

4. 小手牵大手，亲子、家庭志愿者

此类志愿者包括年轻妈妈、教师、离退休工作者、大学生等热心于未成年人服务的人员。针对未成年人的沟通技巧、问答方式等专业基础和技能培训尤为重要。

5. 其他类型志愿者

还有一类熟知苏州历史故事、名人轶事、野史逸闻、传统技艺的特殊志愿者，是苏州文化记忆保存的中坚力量。

（二）具体流程

1. 招募

招募对象包括已在各类志愿者协会注册的具有文艺特长的志愿者，有专业文化艺术技能的人员，从事文化艺术行业的企事业单位、社会团体组织，有艺术特长的大专院校成年学生，多年从事群众文化工作的文化艺术骨干等。

（1）学校招募

中心与教育主管部门协商，将参与文化志愿者活动与学分相挂钩、与评先评优相结合。

（2）专业院团招募

团队整体招募，为其提供各种服务平台，创造出更多的展示机会。

（3）专业协会组织招募

团队整体招募，对摄影展、cosplay展演等群众喜闻乐见的形式，提供专业指导与尽可能多的展示平台。

2. 管理

开展志愿者联谊活动，交流、分享服务心得、服务经验等内容；将相关领域专家或优秀组织请进来、组织志愿者团队走出去观摩，强调与国内外优秀志愿者组织和教育机构及文化中心的交流与合作。

3. 考核

协会下隶属各分管委员会依据工作性质，综合考量志愿者的服务时长与质量，制定不同的考核标准，统一采取积分制形式，每年年底公布积分排名靠前者。

4. 投诉反馈机制（惩戒）

服务期间被投诉一次，经查证属实者，则该次活动积分不被纳入年度考核积分；被投诉两次，经查证属实者，除活动积分不被纳入年度考核外，再次培训合格者，方能参加此后的活动；被投诉三次，经查证属实者，将不再被安排参加志愿服务活动。

（三）决策支持系统

建立文化志愿者工作数据库，将志愿者信息录入数据库系统，对全市范围内文化志愿者的个人服务信息上网公布。

（四）网络平台

开发文化志愿者网络平台，定期发布文化志愿者服务项目，形成市与区县文化系统内、各类志愿者协会间形成信息及时传递、共享的交互式网络。

四、服务提供

（一）常规服务

围绕辅助专职工作人员工作开展，包括：

1. 导览。导览服务分为工作日导览、周末导览和寒暑假导览。其中，工作日和周末导览服务时间与学年相一致（服务时间通常为每年2月到当年6月以及当年9月到次年1月），要保证出勤，并参加额外需要的导览工作。学校团体导览服务者根据不同学生群体进行针对性培训；特殊教育导览服务者要通过培训掌握与特殊人群沟通的基本技巧。

2. 讲解。通常在优秀的导览员中选出适合从事讲解服务的志愿者，在熟知讲解内容的基础上，熟练掌握讲解技巧。

3. 文艺志愿者。文艺志愿者（主要指直接参加文化艺术展演的志愿者）需具备一定的文化艺术专长，经过更为专业的辅导，能够利用业余时间进行演出，是公益文化演出的骨干力量。

4. 其他辅助专职工作人员的志愿者。此类志愿服务工作包括讲座、培训、展览、文艺演出活动的策划、方案撰写、宣传、布展、现场秩序疏导与维护、文化历史资料搜集与整理等，以及协助协会平台的建设、开发与后续发展。

（二）拓展服务

1. 地方文化传承。苏州方言、传统技艺、历史故事、民风民俗与非物质文化遗产、老字号和土特产、老照片、市民创作小故事等内容，通过口述史、展览、微电影展播、微博小故事、传统技艺现场展示及录制等服务方式传习、保护与传播。

2. 广场活动。具备一定演出能力和专业水平的志愿者，经常性地利用文化广场等公共文化设施，开展一些水平较高且有别于传统公益的文化艺术活动，如cosplay表演等。

3. 文化普及类服务。文化志愿者通过自身文艺素养的提升，以及宣传、培育、指导、服务身边的每一个人，使文化艺术得以普及。

五、激励机制

（一）荣誉体系

1. 名誉馆员。聘任苏州当地能够定期从事文化志愿活动的各界知名人士，以及由各部（场馆）推荐的志愿者为名誉馆员，并为其颁发聘书。

2. 星级志愿者。建立以服务时间和服务质量为主要内容的志愿者星级评定制度。志愿服务时间累计达到100、300、600、1 000、1 500小时，可依次评定为一星级、二星级、三星级、四星级、五星级志愿者。

3. 进入年鉴。将年度评出的星级志愿者名单写入年鉴。

4. 荣誉市民。按照苏州有关规定，优先推荐入选"荣誉市民"等评选候选。

（二）积分等级制

1. 兑换服务。积分兑换服务是将考核累计的积分，通过兑换服务的方式进行抵消。具体服务包括：优先享受中心组织的各类展览、演出的票券，享受专家鉴定藏品的服务，专享欣赏馆藏真品服务，中心以外的大型演出赠票等。

2. 积分转让。积分转让是将自己的积分转让给亲朋好友享受"特权"服务。

（三）推荐信

为有良好服务记录、表现优异的志愿者颁发印制有中英文对照的表彰证书，同时附上有志愿服务详细信息的推荐信。中心各部（场馆）在招聘时，同等条件下优先录用有良好志愿服务记录者。

（四）表彰活动

每年年末举办"志愿者奥斯卡之夜"表彰活动，为年度优秀文化志愿者颁发奖杯。

（五）场地及相关服务

派专人对有表演诉求的志愿者给予专业指导与帮助，并为其提供排练场地和演出机会。

六、保障机制

（一）经费保障

将志愿者工作各项经费纳入公共财政预算保障；为大型文化志愿服务活动和重点项目提供资金支持；建立志愿工作开支的偿还制度（在组织开展志愿服务活动时，为其提供必要的工作交通补贴、培训经验、研究费用、保险与奖励等开支）。

（二）培训体系

依托中心及各馆，建立志愿者培训体系。志愿者必须充分了解中心的服务理念和工作流程，掌握具体志愿服务的技能。原则上，志愿者不得从事未经过培训的志愿服务。

（三）人身安全

志愿者参与各种形式的文化艺术活动之前，中心按照相关规定与其签署保险协议。中心聘请专门的法律顾问，或由律师志愿者为其提供专业的法律咨询，维护志愿者权益。